Ernst Siebenhofer

Schlüsselerlebnisse ließen den Wunsch im Autor heranreifen, sich mehr mit sich selbst und seiner Malerei zu beschäftigen, die für ihn eine besondere Herausforderung darstellt. Nachdem seine Frau immer mehr die spirituelle Seite in sich zu entdecken begann, schloss er sich dieser neuen Gedankenhaltung erst fragend, letzten Endes aber mit innerster Überzeugung an. In der Ausdrucksweise seiner Bilder spiegeln sich die Stimmungen seiner Seele wider und drücken sein inneres Fühlen aus, das auch dem Betrachter zum „In sich schauen“ und Meditieren einlädt. Sein künstlerischer Ausdruck findet sich besonders im ***KIRINA*** **Engelkartenset** wider. Diese Energiekarten helfen mit, Körper, Geist und Seele in Harmonie zu bringen.

Heidrun Siebenhofer

Die Autorin mehrerer Bücher beschäftigt sich seit 1994 mit Spiritualität, wodurch das Tor zu ihrer Kreativität weit geöffnet wurde. Transformierende Erfahrungen halfen ihr, ihre Berufung zu finden. Seither wird sie von Engel- und Naturwesen zum Schreiben inspiriert, deren lichtvolle Energien in jedem ihrer Bücher zum Ausdruck kommen. Neben dem Schreiben zeigt sie anhand eigener Engelkarten Ratsuchenden ihren spirituellen Weg auf und übermittelt ihnen Botschaften ihrer Engel.

Ernst u. Heidrun Siebenhofer

Du erinnerst mich an Liebe

Partnerschaft in der Neuen Zeit

1.Auflage 2014

Herausgeber: www.elias-verlag.com

Autor: Ernst u- Heidrun Siebenhofer

Umschlaggestaltung: Ernst Siebenhofer

Lektorat: Eleonore Pichler

Verlag: tao.de in J. Kamphausen Mediengruppe GmbH, Bielefeld

www.tao.de, eMail: info@tao.de

ISBN: Paperback 978-3-95802-058-0

ISBN: E-Book 978-3-95802-060-3

Bibliografische Information der Deutschen Nationalbankbibliothek: Die Deutsche Nationalbankbibliothek verzeichnet diese Publikation in der Deutschen Nationalbankbibliografie; detaillierte bibliografische Daten sind im Internet über http://dnb.d-nb.de abrufbar.

Ich habe von meiner geistigen Führung den Auftrag erhalten, die Erfahrungen unserer langjährigen Partnerschaft niederz schreiben, die durch spirituelle Erkenntnisse und damit einl gehender Veränderungen vor ganz neue Herausforderungen gestellt wurde.

Es ist ein Werk, das in Zusammenarbeit mit meinem Mann entstanden ist. Es möge auch Menschen älteren Jahrgangs dazu inspirieren, sich für die neuen Erkenntnisse dieser ganz besonderen Zeit zu öffnen. Um Gedanken- und Glaubensmuster zu hinterfragen und bereit für neue Erfahrungen zu sein.

Wir wollen Paare dazu motivieren, Gemeinsames vor Trennendes zu stellen; Unsere Erfahrung einer über 50-jährigen Partnerschaft möchte andere Paare anspornen, nicht gleich bei den ersten Schwierigkeiten aufzugeben.

Möge an unserem Beispiel ersichtlich sein, dass es gut machbar ist, seine Spiritualität in den normalen Alltag zu integrieren. Denn das Leben ist Liebe, Veränderung und ein ständiger Neubeginn. Man muss es nur zulassen …

Für den zweiten Teil steuerten die Engel fünfzehn Empfehlungen für eine harmonische Partnerschaft in der Neuen Zeit bei. Sie mögen dazu beitragen, dass viele Paare zu einer neuen Einstellung ihres Liebes- und Alltagsleben gelangen.

Inhalt I. Teil

Einleitung

Das ist die Geschichte unserer Ehe, die schon länger als 50 Jahre währt und die sich vermutlich nicht viel von anderen Partnerschaften unterscheidet. Vielleicht mit dem Unterschied, dass wir, obwohl älteren Semesters, bereits in den 90er Jahren begonnen hatten, unser Denken einer Veränderung zu unterziehen. Was natürlich weitreichende Veränderung mit sich brachte. Diese setzte zuerst bei mir ein, um wenig später auch meinem Mann zu erfassen.

Doch die Umstellung war alles andere als einfach. Schon gar nicht für unsere Beziehung. Zu diesem Zeitpunkt waren die Kinder längst erwachsen und außer Haus, wir selbst aber noch im Berufsleben eingespannt. Obwohl – oder gerade weil mein Mann selbstständiger Unternehmer war, blieb für Privates sehr wenig Zeit. Der Betrieb hatte Vorrang vor Freizeitvergnügen, und die Mitarbeiter waren Familienmitglieder, für die er sich verantwortlich fühlte. Klar, dass nach mehr als 30 Jahren der Wunsch, aus dieser Tretmühle einmal aussteigen zu wollen, in mir immer übermächtiger wurde. Doch Unzufriedenheit ist ein schlechter Gesell. Er lässt einen nörgeln, neidvoll auf jene sein, die ihre Freiheit und Freude offensichtlicher leben können, und sie verstellt einem den Blick für die wahren Werte des Daseins.

Oftmals leitet im Leben eine spontane Entscheidung etwas ein, was sich im Nachhinein als absoluter Glückstreffer herausstellt. Das erkennt man nicht immer von Anfang an. Und hätte ich gewusst, was mein damaliger Entschluss, mir das Rauchen abzugewöhnen, alles heraufbeschwört, bin ich mir nicht sicher, ob ich wirklich nochmals so voller Begeisterung durch all das hindurchgehen würde, was in den letzten Jahren mein/unser Leben so schicksalshaft geprägt hat. Wahrscheinlich hätte ich es noch länger hinausgezögert und mich dadurch auch um das Schöne gebracht, das nun mein Älterwerden bereichert.

Wenn nach langen Ehejahren einer der beiden beginnt sein Leben zu hinterfragen, stellt das auch immer den Partner vor Probleme. Wie sollte dieser auch wissen, wie er damit umgehen soll. Jahrzehnte funktionierte alles wie am Schnürchen – die Frau nicht nur Geliebte, sondern auch Mutter, Kumpel, Mitarbeiterin und für alles zuständig, was dem Mann das Leben erleichtert. Wie es uns Kindern der Nachkriegsgeneration vorgelebt und anerzogen wurde. Wie wir es leider zum großen Teil auch wieder an unsere Kinder weitergegeben haben. In unserer Jugend sprach man über das Sexualleben nicht: man verliebte sich, wurde geheiratet und genoss den Sex unter Umständen mit einem schlechten Gewissen. Es ist wirklich ein Fortschritt, wie heutzutage damit umgegangen wird. Ohne Scheu und mit einem Selbstverständnis, das der Partnerschaft nur gut tut.

Ich wurde zum Gehorsam erzogen - dem Mann als Oberhaupt der Familie gegenüber: genauso wie man der Institution Kirche, den Lehrern, Ärzten usw. Respekt und Hochachtung entgegenzubringen hatte. Niemand kam damals auf die Idee, alte Gedankenmuster und Verhaltensweisen, wie es heutzutage fast selbstverständlich ist, zu hinterfragen. Die wenigsten unserer Generation waren bereit, sich für einen Wandel zu öffnen, der sich in den Siebzigern durch die Flower-Power-Generation abzeichnete. Im Gegenteil. Die meisten von uns übernahmen die Denkmuster der Eltern und fanden es fürchterlich, wie diese jungen Menschen sich kleideten, wenn sie nicht ohnehin oftmals unbekleidet, nur mit Blumen in den Haaren, gegen das herrschende Establishment protestierten. Heute wird das mit einem Schmunzeln zur Kenntnis genommen und insgeheim müssen wir diesen Vorreitern dankbar sein. Sie haben den Weg vorbereitet, den die nachfolgenden Generationen „ausgebaut" haben. Ja, ich bin diesen Blumenkindern von einst sehr dankbar für ihren Mut, ungeachtet aller Widerstände, sich der Freude zu stellen, den Bedürfnissen ihrer Seele nachzugeben und aufzuzeigen, dass es im Leben nicht nur Arbeit, Dienen und blinden Gehorsam gibt.

Durch unser Umdenken wurden mein Mann und ich vor viele neue Herausforderungen gestellt, und viele Fragen drängten sich auf: „Verändert sich durch Spiritualität das Sexleben? Verträgt eine gute Ehe Widerspruch? Verlieren wir den Respekt anderer, wenn wir uns spirituell outen oder wie viele Seminare sollte man besuchen, um spirituell up to date zu sein? Immer neue Fragen drängten sich im Laufe der folgenden Jahre auf und konnten erst nach und nach beantwortet werden. Denn mit dem jeweiligen Wissenstand veränderten sich sowohl Fragen wie auch Antworten. Wir gehen im Laufe des Buches auf sie näher ein…

In diesen schwierigen Tagen der Umwandlung und der globalen Veränderung für Mensch und Mutter Erde sind - - Gott sei Dank - auch immer mehr Männer bereit, sich durch Herzöffnung auf das innere geistige Licht einzustimmen. Die weltweite Energieanhebung fördert in vielen von ihnen immer mehr das Bedürfnis, in Kontakt mit ihren himmlischen Helfern zu kommen.

Immer mehr Männer möchten Antworten auf die drängenden Fragen ihrer Seele. Sie suchen nach Wegweisern und Leuchttürmen, die ihnen dabei helfen könnten, Seele, Geist und Körper in Übereinstimmung zu bringen – nicht nur in der Partnerschaft, im Beruf und in vielen Dingen der materiellen Welt - sondern vor allem, um in ihrem geistigen Wachstum neue Akzente zu setzen.

Auch sie haben Angst davor, dass unsere Welt, die wir so lieben und die, wenn auf sie geachtet wird, so wunderschön sein kann, durch Gier und durch die Unvernunft eines Teils der Menschheit unter Umständen unwiederbringlich zerstört werden könnte. Immer mehr wird dem männlichen Geschlecht bewusst, dass auch sie die Hilfe der Engel brauchen, um das seelische und körperliche Gleichgewicht erreichen und aufrechterhalten zu können.

Die lichtvollen Helfer von der anderen Seite hinter dem Schleier, sind da, bei jedem von uns. Wir können ihre Gegenwart fühlen und dürfen sie fragen und um Hilfe bitten. An uns liegt es zu glauben, anzunehmen und zu tun, was sie uns raten.

Botschaften von göttlichen Lichtwesen können helfen, konkrete Ansätze für Veränderungen oder eine neue Sicht der Dinge zu bekommen. Sie helfen auch den Männern, persönliche und seelische Entwicklungen besser zu verstehen und sie stärken ihren Entschluss zum Umdenken wie auch ihre weibliche Seite.

Mit ihrem höheren Selbst sind Frauen schon seit jeher gewohnt zu kommunizieren. Das tun sie über ihre Gefühle und über die innere Stimme, auf die auch immer mehr Männer zu hören beginnen. Auch Energiekarten[1] sind eine Möglichkeit, rascher und tiefer in die Schwingung einzutauchen, in der die Engel und die Aufgestiegenen Meister ihre Botschaften an uns richten, denn Engelkarten basieren auf dem Schwingungsprinzip.

Durch die Energiekarten können wir leichter die Kräfte der Engel um uns herum spüren, die uns dabei nicht nur unterstützen mit ihnen in Kontakt zu kommen sondern

---

[1] Kirina Engelkarten zur Körper-Geist-Seele-Harmonisierung, Elias Verlag

auch harmonisierend und ausgleichend auf unsere Gefühle und Gedanken einwirken.

Ich empfehle Ihnen von ganzem Herzen, die Engel in Ihr Leben einzuladen, denn sie werden Ihr spirituelles Wachstum unterstützen, weil dies Teil ihrer umfassenden Aufgabe ist.

Mit Engeln zu arbeiten ist Teamarbeit. Sie können unser Leben nicht verbessern, das müssen wir schon selber tun. Sie können uns aber anregen und vorschlagen, welche Veränderungen wir bei uns selbst und unseren Lebensumständen machen können, um ein harmonisches, liebevolleres und leichteres Leben zu führen. Damit übernehmen wir auch die Verantwortung für unser Leben und schieben es nicht den Engeln in die Flügel!

Herausforderungen wird es immer geben. Die gehören zum Leben. Doch wie wir damit umgehen, dabei können uns die Engel helfen.

Wir haben uns im Folgenden an die Empfehlungen der Engel gehalten. Sie waren uns auf unserem Weg eine große Stütze. Mögen sie auch Ihnen helfen, für eine spirituell beeinflusste Partnerschaft das gemeinsame Fundament zu erstellen. Damit Sie Ihrer Beziehung jene Stabilität verleihen können, die sie benötigt, um in der Lage zu sein, die Neue Zeit – die Energie des Goldenen Zeitalters – durch die Partnerschaft auf das lichtvollste auszudrücken. Eine neue Einstellung, die vielleicht auch Ihr Zusammenleben komplett ändern kann.

Wie alles begann

Heidrun:

Ich öffnete mich erst sehr spät für Gottesführung und für tiefgreifende Veränderungen. Nachdem ich 1994, mit 51 Jahren, bei einem Mentaltraining mit dem Rauchen aufhörte, kam ich in Meditationen mit einem Lichtwesen in Kontakt, das mich aufforderte aufzuschreiben, was mir ins Bewusstsein gebracht wurde. Dadurch spürte ich auch immer mehr, wie sich meine Verbindung zur Geistigen Welt vertiefte, und ich fühlte immer öfter die liebevolle Energie der Engel um mich. Ganz besonders intensiv war diese Verbindung zu spüren, als ich im Jahre 2005 durch eine Lungenkrebsdiagnose mit der Endlichkeit meines Lebens konfrontiert wurde. Zu jenem Zeitpunkt erhielt ich nicht nur viele lichtvolle Botschaften der Engel, sondern kam beim Schreiben auch in Kontakt mit meiner 1983 verstorbenen Mutter. Die Botschaften der Engel und die Kommunikation mit meiner Mutter, wie auch die wunderschönen Energiebilder meines Mannes sind in dem Buch "Ich sage dir...Botschaften und Bilder aus dem Lichtreich" Eliasverlag, nachzulesen. Doch der Reihe nach…

Die ersten Wochen und Monate nach dem Mentaltraining waren für meinen Mann eine einzige Überraschung. Er lernte mich von einer ganz neuen Seite kennen. Zwar noch immer friedfertig, doch mit einem ganz neuen Verständnis dem Leben gegenüber. Wie bei den meisten

Menschen, die sich für Esoterik zu interessieren beginnen, las ich in dieser Zeit hunderte Bücher, war geduldig, versuchte in allem nur das Gute und Beste zu sehen, wollte andere an meiner neuen Einstellung teilhaben lassen, ob sie das nun von sich aus wollten oder nicht. Nun, die wenigsten wollten es! Diese Erkenntnis drang bald in mein Bewusstsein und ich begann mich in schweigendem Verständnis zu üben. Was natürlich auch nicht das Gelbe vom Ei war, doch durch solche Entwicklungen ist wohl jeder, mehr oder weniger, zu Beginn seines Umdenkens gegangen. Mit der Zeit lernte ich, dass es nichts brachte, andere mit meinen Ansichten zu beglücken, sondern es geraten ist, mein einziges Augenmerk auf meine eigene Entwicklung zu legen. Es dauerte einige Zeit, aber dann hatte ich kapiert, dass ich mich verändern musste, wollte ich, dass mein Umfeld sich änderte. Mein Mann hatte nichts gegen meine neue Einstellung, solange ich nicht anfing in der Nachbarschaft an die Türen zu klopfen, um sie dort loszuwerden. Ich kam ohnehin bald selbst drauf, dass nicht jeder meine Weisheiten hören wollte. Wie ich in späteren Seminaren von den Vortragenden erfuhr, ging es mir in etlichen meiner Vorleben so. Ich war in diesen für meine Einstellung und „Berufsausübung" oftmals hingerichtet worden, was meine Zurückhaltung über die lautstarke Verkündigung meiner „Fähigkeiten" in diesem Leben erklärt. Immer mehr suchte ich mir die Leute aus, mit denen ich mich über solche Dinge austauschen konnte.

Diese eigene Veränderung einzuleiten und zu integrieren, dauert seither immer noch an und das sind immerhin schon 20 Jahre.

Der Glaube, durch Seminare, Workshops und Meditationen „erleuchtet" zu werden, ist ein gewaltiger Irrglaube. Man wird zwar durch sie schneller auf jene Dinge, die aufgelöst gehören, aufmerksam gemacht, doch ist das eigene Erkennen, die Bereitschaft, die absolute Selbstverantwortung für sein Leben und für die Geschehnisse darin zu übernehmen, stets vorrangig. Nur wenn man bereit ist das anzunehmen und lernt, dass Kritisieren und Bewerten die eigene Göttlichkeit unterdrückt, kommt man weiter. Es gibt viele unter den Lichtarbeitern, die diese Erkenntnis leider nicht so verinnerlicht haben, wie sie es tun sollten, um ein Anker für jene zu sein, die sich aufmachen, die eigene Spiritualität zu leben. Sie stellen ihre eigenen „Qualitäten" in den Vordergrund und kritisieren das Tun anderer, oftmals zum eigenen Vorteil. Dies herauszufinden ist eine der Prüfungen, die wir auf dem Weg zur eigenen Veränderung bestehen müssen. Es bedeutet, auf sein Herz, auf die leise Stimme seiner Seele zu hören und sich nicht länger die Wahrheiten anderer als eigene aufdrängen zu lassen. Oh, ich weiß das, aber es wirklich zu verinnerlichen, ist eine ganz andere Sache. Ich könnte über die Vorträge meiner Energetikerin, die ich immer wieder aufsuche, ein eigenes Buch schreiben. Es würde aber sehr langweilig zu lesen sein, denn es besteht fast nur aus Wiederholungssätzen.

„Du sollst mehr in die Stille gehen“, sagt sie und spricht damit nur die Botschaft nach, die sie von ihrem Engel bekommt, der ihr bei den Behandlungen beisteht. Und das nicht nur gelegentlich, nein, sie muss es immer wieder sagen, denn das Ego sorgt regelmäßig dafür, dass ich es vergesse, sobald auch nur zwei Tage vergangen sind. „Du machst dich viel zu sehr von anderen abhängig“, bekomme ich zu hören. „Schau nicht immer darauf, was andere tun und sagen. Du bist viel zu sehr darauf fixiert, was bekannte und prominente Zeitgenossen sagen. Du musst dich für einige Zeit auf die Stille einlassen, auf das Schweigen. Deiner Seele zuhören. Das ist alles, was ich dir für heute sagen soll.“

Hatte Barbara wirklich recht damit? Verließ ich mich zu sehr auf sie oder andere? War es Bequemlichkeit, die mich immer veranlasste, bei ihr Rat einzuholen, anstatt in mich zu gehen, um in mir die Antwort zu finden? Hoffte ich, dass sie das Problem aufzeigen und mit ihren Händen von mir „abheben“ würde? Wie oft schon hatte sie mir eingetrichtert: „Denk daran, dass du selbst über die Macht verfügst!“ Doch das war nicht das einzige, was ich durch sie erkannte.

Ich musste lernen, zu meinen Gefühlen zu stehen, meine eigenen Wahrheiten erkennen und natürlich die Selbstverantwortung für das eigene Tun übernehmen. Es bedeutete vor allem auch, neue Prioritäten zu setzen, und in meinem Leben der Liebe Vorrang vor allem anderen einzuräumen. In der Bibel heißt es: *„Liebe deinen Nächsten wie dich selbst.“* Das bedeutet, sich zuallererst selbst zu lieben, ehe wir einen anderen Menschen lieben können. Uns selbst zu lieben, ist das schönste und wichtigste Geschenk, das wir uns machen können.

Wir sind nicht auf dieser Welt, um anderen zu gefallen und das Leben nach deren Vorstellungen zu leben. Wir sind da, um unsere eigene Seelenheilung voranzutreiben, und um unsere eigenen Lernprogramme zu bewältigen. Dazu gehört in erster Linie Selbsterfüllung zu finden und der Liebe in unserem Leben oberste Priorität einzuräumen. Wir können nichts mitnehmen, wenn wir diesen Planeten verlassen, weder Auto, Geld noch Besitztümer jeder Art. Das einzige, was wir mitnehmen können ist unsere Liebesfähigkeit, die sich durch die Erfahrungen dieses Lebens tief in unsere Seele eingebrannt hat.

Wenn wir uns so lieben, wie wir sind, uns mit allen Fehlern und Vorzügen annehmen, werden wir uns nie selbst verletzend behandeln und auch niemand anderen. Es ist unsere Entscheidung, ob wir uns für Liebe oder für Wut, Ablehnung und Traurigkeit entscheiden. Wir haben die Macht, den freien Willen, das von einem zum anderen Moment entscheiden zu können. Tun wir es doch jetzt! Liebe ist die mächtigste Kraft, sie heilt und harmoniert und bereichert jedes Leben. Lässt man dann auch noch zu, dass Seelenheilung und Herzöffnung geschehen, verändert sich das Leben auf ungeahnte Weise. So wie es bei uns der Fall war...

Alles einsteigen, bitte …

Ernst:

Als meine Frau sich für das Mentaltraining anmeldete, hatte ich wenig Hoffnung, dass sie es dieses Mal schaffen würde, sich das Rauchen abzugewöhnen. Aber wenn ein Widder sich etwas in den Kopf setzt, ist es besser, ihn gewähren zu lassen, denn Widerstand ist etwas, was das ansonsten liebenswerte Sternzeichen gar nicht liebt. Wogegen ich als Steinbock meistens alles - mehr oder weniger - über mich ergehen lasse, wie gesagt, meistens…

Diese zwei Tage hatten es wirklich in sich. Das Verhalten meiner Frau veränderte sich innerhalb kurzer Zeit. Es war, als ob von einem lange verschlossenen Gefäß der Deckel entfernt worden war, und der Inhalt sich endlich ohne Gegendruck ausbreiten konnte. Die neuen Erkenntnisse wurden über meinem Haupt „ausgeschüttet“, und ich musste mir alles haarklein anhören, ob ich wollte oder nicht. Nun, ich gestehe, es war sehr viel Interessantes dabei, das ich zu hören bekam. Ich sagte nicht viel dazu, denn ich wollte sehen, wie es mit ihrer Begeisterung weiterging. Wie lange es dauern würde, ehe sie wieder Verlangen nach der ersten Zigarette verspüren würde. Ich hatte ihre Sucht all die Jahre stillschweigend geduldet, obwohl mir das als Nichtraucher nicht leicht fiel. Doch die Liebe zu meiner Frau hat dies in Kauf genommen. Es gehörte zu ihr, wie alles andere, was ich an ihr liebte.

Kein Mensch ist perfekt. Und sie liebte mich schließlich genauso mit all meinen guten und schlechteren Seiten.

Mein Erstaunen wuchs, als die ersten rauchfreien Tage harmonisch vorbeigingen und die Nerven meiner Frau sich in ausgeglichenem Zustand präsentierten. In jeder freien Minute suchte sie eine Buchhandlung auf und fand immer gleich zwei oder mehr Bücher, die sie vor dem Einschlafen las. Ich hätte mir mit ihr eine andere Beschäftigung vorstellen können, aber nun ja…

Meine liebe Gattin hat es jedoch tatsächlich geschafft! Der Schock, als der Mentaltrainer ihr nach einem tiefen Blick in die Augen sagte, dass sie nur diese eine Chance noch hätte und Rauchen ein lebensverneinendes Laster sei, hatten sie zur Einsicht gebracht. Das ist nun schon fast 20 Jahre her und ich bin dem Himmel sehr dankbar dafür. Wie gut meine Frau seither riecht, und wie schön es sich nun mit ihr schmusen lässt…

Natürlich gelang es ihr, mich ebenfalls zu diesem Mentaltraining zu überreden, wenn auch aus anderen Gründen. Ich fand es unnötig. Schließlich war ich auch so erfolgreich im Beruf und als Familienvater. Was sollte mir so ein Seminar schon bringen? Außer, dass es hohe Kosten verursacht und alles Wissenswerte mir ohnehin schon von meiner Frau serviert worden war. Doch in einer schwachen Stunde gab ich nach. Ein Schicksal, das ich wohl mit vielen Männern teile, denn die Frauen wissen ganz genau, wann und wo sie ansetzen müssen, um uns Männer dahin zu bringen, wohin sie es wollen…

Rückwirkend muss ich zugeben, dass sich meine Begeisterung über das Seminar in Grenzen gehalten hat, ich aber heute sehr wohl erkenne, dass damals der Grundstock zu dem gelegt worden war, worauf ich in den folgenden Jahren aufbauen konnte. Auch ich begann danach - wie meine Frau -, zu meditieren. Das kam mir ganz besonders im Berufsleben zugute. Dabei konnte ich wunderbar Stress abbauen. Schwierigkeiten hatte ich jedoch mit dem Tempo, das meine Frau bei dieser Veränderung vorlegte. Typisch Widder – immer mit dem Kopf durch die Wand. Wenn sie sich für etwas begeisterte, musste es auf der Stelle umgesetzt werden. Natürlich musste ich dagegen sein, schon um einen Ausgleich zwischen unseren beiden Temperamenten herzustellen. Schließlich hatte ich noch anderes im Kopf, als nur Esoterik und jedem Menschen Licht zu schicken, damit der sich wohlfühlte. Ich wollte mich wohlfühlen! ICH!

Da gab es natürlich gegensätzliche Ansichten, die mitunter in heftigen Diskussionen zur Sprache kamen, die es vorher nie gegeben hat. Es war total ungewohnt für mich, dass meine Frau mir widersprach. Eine neue Erfahrung, an der ich die erste Zeit ganz schön zu schlucken hatte. Wie soll man auch damit umgehen, wenn die eigene Frau plötzlich eigene Rechte einfordert. Sie haben ihr ja in den vergangenen Jahrzehnten auch nicht gefehlt. Aber anscheinend haben ihre Engel mit großen Dosen von Liebe und Licht auf die meinen eingewirkt, sodass ich relativ gelassen diese Umstellung annehmen konnte. Eine der ersten, großen Veränderungen, mit denen ich im Laufe der nächsten Jahre konfrontiert worden bin und mit denen ich umgehen lernen musste.

Emotional scheinbar ungerührt, wartete ich in aller Ruhe ab, und ließ sie vorpreschen. Auch wenn das wiederum meine Frau zur Verzweiflung brachte. Es heißt nicht umsonst, jedes Ding hat zwei Seiten. Allerdings muss ich zugeben, dass sie mich nach einiger Zeit von ihrer Ansicht überzeugte. Denn sie lebte es mir vor! Sie wurde noch geduldiger, noch einsichtiger. Ich bewunderte sie, zeigte es ihr aber nicht zu deutlich, damit sie mir nicht zu eingebildet wurde. Sie bewältigte Buchhaltung, den Verkauf im Geschäft und die Familie mit einer neuen Gelassenheit, die mich aber immer mehr überzeugen musste. Ihre nachgebende Art wandelte sich trotzdem unmerklich zu mehr Selbstbewusstheit, die ich stillschweigend akzeptierte. Man will ja schließlich Frieden um sich haben.

Die ersten Schritte

<u>*Heidrun:*</u>

Wenn man beginnt, sich auf Esoterik einzulassen, gibt es nicht nur Licht und Liebe. Es gibt Tränen, Kampf, Sturheit und Verzweiflung, weil sich so vieles, das man sich leichter vorgestellt hat, anders zeigt. Es ist ein ständiges Lernen, ein auf sich selbst einlassen. Dass dies auch die eigenen Schattenseiten hochbringt, wird einem bald bewusst. Ich hatte den Irrglauben, wenn ich allen Menschen in meinem Umfeld und in der Vergangenheit vergebe, dann hat es sich. Nein. Der Vergleich mit dem Schälen einer Zwiebel bringt es auf den Punkt. Hat man eine schmerzvolle Emotion aufgearbeitet, kommt die nächste hoch und zeigt sich. Ich wusste nicht, dass es so viele Menschen gab, denen ich etwas zu verzeihen hatte, damit ich mich besser fühlen konnte. Ganz zu schweigen davon, was ich mir selbst zu vergeben hatte. Es gibt ja schließlich nicht nur eine Seite der Medaille. Wir leben auf einem Planeten des Gegensatzes.

Zu Beginn des Umdenkens las ich alles, was nur im Entferntesten mit Esoterik zu tun hatte, weil mein Interesse durch den Besuch des Mentaltrainings geweckt war. Ich weiß von anderen, dass es den meisten so geht. Tief in dir will etwas erwachen, will sich etwas verändern, und darum beginnst du mit dem Kopf neue Ideen zu erforschen. Es ist der Anfang deiner Reise nach innen…

Dann willst du immer mehr. Etwas treibt dich an. Doch mit Wollen und Antreiben geht nichts. Es geht vor allem nicht schneller! Wenn es geschehen soll, geschieht es von selbst, im richtigen Moment. Was immer es ist, durch das du den Durchbruch vom Kopf zum Herzen erlebst, im gegebenen Moment werden Gefühle in dir geweckt, dass du gar nicht anders kannst als sie anzunehmen, in sie einzutauchen. Dadurch geschieht Transformation. Da beginnt die Seele auf einer tieferen Ebene an deine Herzenstür zu klopfen und du erlebst Gefühlsmomente, von denen du zuvor nicht wusstest, dass du sie in diesem Ausmaß hast. Du fängst an, die Welt mit neuen Augen zu sehen, die Beziehungen zu anderen Menschen durchlaufen eine Veränderung. Es ist die Erkenntnis, dass wir mit Menschen, Tieren, Pflanzen, der Natur eins sind, verbunden und getragen durch eine wundervolle Göttliche Kraft und dass wir alle miteinander und ineinander gespiegelt sind.

Es ist eine Entwicklung, die mit der Erkenntnis einhergeht, weshalb wir diese und jene Herausforderung haben. Wie wir etwas verändern können. Erklärungen allein reichen nicht, denn alles, was wir lernen, muss auch gelebt, ausprobiert und letztendlich umgesetzt werden. Auch wenn das nicht immer einfach ist und einem das Ego etwas anderes einreden möchte. Doch erst dann wissen wir, ob das Gelernte auch wirklich etwas wert ist. Man will sich entwickeln, und das ist manchmal schmerzhaft. Es kommt immer wieder vor, dass man eigenen Herausforderungen gegenüber blind ist. Speziell am Beginn des spirituellen Weges haben viele von uns noch das Gefühl, unser Umfeld hinke hinterher. Dabei wissen WIR es doch schon besser. Das ist eine Phase, die aber auch vorbeigeht. Wir begreifen immer mehr, dass das Leben ein konstanter Lern- und Erfahrungsprozess ist und diese Erkenntnis hält unsere Überheblichkeit in Schach. Und im Laufe der Jahre, gestärkt durch viele Meditationen, entwickeln sich Erkenntnisse, die Platz und Raum bekommen. Anfangs dachte ich noch viel Unsinn. Ich befürchtete, dass ich viele Interessen, die ein liebevoller Bestandteil meines Lebens waren, wie z.B. Fernsehen, Illustrierte lesen u.a. dafür opfern müsse. Dem ist heute nicht mehr so. Heute spüre ich, was mir guttut und was ich lieber lassen sollte. Inzwischen habe ich mich selber besser kennengelernt; weiß, dass ich ein essentieller Teil des Universums bin – wie wir alle das sind, und dass wir alle in diesem Prozess des Lernens und des Lebens sind, egal auf welcher Stufe. Doch zu erkennen, dass alles, was einem passiert, als Lernprozess gut und wichtig ist, dauert. Im Nachhinein kann man sehen, was man aus den Herausforderungen gelernt hat. Dies auch schon in dem Moment zu sehen, in dem es passiert, ist spirituelle Weisheit.

Das und so vieles andere hatte ich zu lernen. Ich fand eine Gleichgesinnte, die, obwohl 20 Jahre jünger, mir an spiritueller Erfahrung einiges voraushatte. Das faszinierte mich und ich war bald mehr bei ihr zu finden, als Zuhause. Mein Mann duldete in seiner grenzenlosen Liebe auch dies. Heute weiß ich, dass er das viel zu lange getan hat, doch darüber später mehr.

Diese Freundin überredete mich zu Dingen, von denen ich niemals gedacht hätte, sie je zu tun. Ich begleitete sie zu Ausbildungen, die ich im innersten meines Herzens nicht machen wollte, weil ich dachte, dass ich diese nie benötigen würde. Ich hatte und habe nicht die Absicht, energetisch mit anderen Menschen zu arbeiten wie sie es tat. Doch in meiner Gutmütigkeit oder besser wegen meines mangelnden Selbstbewusstseins, habe ich nie widersprochen. Ich habe die Lichtkörper-Ausbildung gemacht, bin in Emotionaler Balance bewandert, habe Alta Major, Breuss Massage und weitere Erkenntnisse und viele Erfahrungen gesammelt.

Ich schwebte, nach den Aussagen des Seminarleiters, bei einer Meditation einen Meter über dem Boden. Leider konnte ich das nicht bestätigen, weil ich die Augen geschlossen und sehr tief „drin“ war. Aber alles ist möglich…

Natürlich konnte es in jener Zeit auch nicht ausbleiben, dass meine Freundin meinen Mann und mich überredete, bei einem Feuerlauf mitzumachen. Das war ein Erlebnis der besonderen Art, das ich nicht missen möchte. Ich muss gestehen, dass meine Magennerven ganz schön geflattert haben. Ich hatte richtig Schiss! Aber die Tatsache, dass ich mit bloßen Fußsohlen über mehrere hundert Grad heiße Glut gelaufen bin, war ein Erfolgserlebnis, das mich noch viele Tage lang schweben ließ. Nicht gerade einen Meter über dem Boden, aber doch schweben… Auch mein Mann ging mit einer Gelassenheit darüber, dass ich nur so staunte. Das waren Erlebnisse auf dem neuen Weg, die sich freudig in unsere Seele eingebrannt haben.

Verzweifelt war ich, als mein Liebesleben durch meine neue Einstellung durcheinander kam…

Sex oder Erleuchtung

Seminare zu besuchen, kann zu einer regelrechten Sucht werden. Und wenn es noch so teuer war, dafür reichte es immer. Allein die auf glänzendem Papier gedruckten Werbeaussagen vermittelten das Gefühl, ja, genau das ist es, was ich jetzt brauche! Wenn jemand eine lange Litanei von Kursen, Ausbildungen und Techniken präsentierte, musste ja das ganz große dahinter zu finden sein. Sie versprachen Erleuchtung, die Aktivierung der medialen Anlagen und die Erkenntnis, einer jener Lichtarbeiter/innen zu sein, die die Welt jetzt so dringend braucht. Ja, die Welt braucht Menschen, die das Gespür für die Nöte anderer und die von Mutter Erde haben. Die fühlen, dass die Menschheit am Rande dessen steht, was man einen Kollaps nennen kann, und die bereit sind, die eigene Bequemlichkeit zu hinterfragen, um auf diese Art und Weise zur Rückbesinnung beizutragen. Was die Welt nicht braucht, sind Menschen, die durch „zu viel esoterische Weisheiten“ andere in eine Lage bringen, wo sie glauben, zu den Erleuchteten zu zählen, und die Selbstliebe mit Arroganz verwechseln. Diese Gefahr bestand bei mir nicht, dazu war ich zu geerdet, und wenn ich wirklich einmal einen Anflug von „Höhe“ verspürte, war es mein Mann, der mich ganz schnell wieder auf den Boden der Tatsachen holte.

Rückblickend kann ich sagen, dass es einige wenige Seminare gab, die mir auf dem Weg der Bewusstwerdung weitergeholfen haben. Andere kann man glatt vergessen. Schade um das viele Geld. Die Hälfte der Workshops und Seminare waren in meinem Fall unnötig. Lange Listen zu schreiben, um herauszufinden, welche Themen mich reizen und welche nicht, waren vertane Zeit. Das erkannte ich auch ohne Seminar. Natürlich zählt jenes Mentaltraining, wo ich mir das Rauchen abgewöhnte, zu jenen, die ich nicht missen möchte. Es war der Grundstock zu meinem Umdenken. Dadurch bin ich von einem Laster losgekommen, das mich bereits über lange Zeit schon sehr belastet hat. Gesundheitlich wie partnerschaftlich. In diesem Seminar erlebte ich meine erste Meditation, die ein Erlebnis war. Mir wurde ganz behutsam durch das Symbol des Einhorns, des Füllhorns und einer Schneckenform die Botschaft meines Seelenauftrags übermittelt. Damals konnte ich nicht wirklich viel damit anfangen, und der Seminarleiter, der sogar die Verschiebung einzelner Wirbel „sehen" konnte, wollte oder konnte mit meiner Vision nichts anfangen. Jahre später, in einem anderen Seminar, erlebte ich in der Meditation diese Vision noch einmal. Haargenau gleich. Ich sah mich viele Stufen hochsteigen, um mich herum war alles in helles Licht getaucht. Und ich trat in einen Raum ein, in dessen Mitte ein übergroßer Sessel stand, auf dem ich Platz nahm. Ich erlebte das Geschehen von zwei Seiten: Ich sah mich auf dem Stuhl sitzen, und gleichzeitig fühlte ich, auf dem Stuhl sitzend, was mit mir dort geschah.

Aus meinem Stirnchakra begann das Horn eines Einhorns zu wachsen. Kaum war dies geschehen, zeigte sich über meinem Scheitelchakra ein Füllhorn, und noch ehe ich das richtig einordnen konnte, sah ich das Symbol einer eingerollten Schnecke. Begleitet wurde diese Vision von den Worten: „ *Dir wurden drei Geschenke gegeben, die einen sichtbaren Ausdruck in deinem Leben annehmen werden: Die Gabe der Heilung, der spirituellen Fülle und der Weisheit, sie zu lehren.*

Dies war mein Einstieg in die Spiritualität. Ich weiß heute, dass ich zu diesem Seminar geführt wurde, weil es der „letzte Abdruck“ war, um meine längst fällige Bewusstseinsänderung einzuläuten. Um aus dem ewigen Kreislauf der alten Gedankenmuster auszusteigen und meinem Leben eine neue Richtung zu geben. Dafür sage ich immer noch und immer wieder: DANKE!

Ich begann mit den Engeln zu schreiben. Von jeher hatte ich eine Vorliebe zum Schreiben. Mein Mann wollte das natürlich auch tun. Er bekam auch Antworten aus der Geistigen Welt, doch noch vielmehr wurde er aufmerksam gemacht, dass seine Gabe das Malen war. Kein Wunder, war dies doch Teil seines Berufes. Doch erst in der Pension und durch seine enge Verbindung zur feinstofflichen Welt, öffnete sich sein Kanal für das Malen von Seelenbildern ganz weit.

In den ersten Jahren der Veränderung im Denken kam es natürlich auch in der Sexualität zu einer gewissen Umstellung. Das war keine einfache Zeit. Mal sollte man, den Weisheiten anderer Lehrer nach, möglichst wenig bis gar keinen Sex haben, um das Wachstum der Seele nicht zu bremsen, dann wiederum wurde empfohlen, Sex mit allen Sinnen zu genießen und bei jeder möglichen Gelegenheit zu praktizieren, damit die Kundalini-Energie aufsteigen könne. Nun, das Wachstum meiner Seele hatte mit Sex herzlich wenig zu tun.

Gebremst wurde eine Zeit lang nur unser Liebesleben, weil ich nicht wusste, wie ich es richtig machen sollte. Bis ich erkannte, weder ein blockiertes noch ein zu ausschweifendes Sexleben hat mit dem Grad meiner Spiritualität etwas zu tun. Es hat einzig und allein mit einer harmonischen Partnerschaft zu tun, in der beide Partner glücklich sind und in der Sex jene Rolle spielt, die ihm von beiden zugestanden wird.

Ich muss allerdings gestehen, dass mit zunehmender Erweiterung meines/unseres Denkens, unser Liebesleben eine neue Qualität erreicht hat, die ich nicht mehr missen möchte…

Frage an meinen geistigen Führer

Ernst:

Inspiriert von der neuen Lebensweise meiner Frau, die mehr als zuvor durch ihre neue Einstellung unser Leben bereicherte, habe auch ich mich auf den spirituellen Entwicklungsprozess eingelassen. Ich wollte mich auch als Lichtwesen verstanden wissen, wenn auch nicht gleich in dem Ausmaß, wie dies bei ihr der Fall war. Ab und zu, wenn das Bedürfnis nach Antworten in mir übermächtig wurde, habe ich es wie Heidrun gemacht und mit meinem geistigen Führer gesprochen. Er hat sich mir in einer Meditation zu erkennen gegeben, und wenn ich auch nicht sehr oft seine Dienste in Anspruch genommen habe, hin und wieder musste ich es einfach tun. Nicht immer, aber immer öfter bekam ich Antworten auf meine drängenden Fragen. Wie zum Beispiel, als ich wissen wollte, ob sich der Sex durch Spiritualität verändert.

Als Mann hatte und habe ich immer noch gewisse Schwierigkeiten mit dem Fühlen, dabei habe ich mich schon sehr oft getäuscht. Ich denke, da muss ich noch einige Zeit üben, um mit den Signalen meines Herzens klar zu kommen. Wenn ich nämlich in schönen Stunden meine Frau ansehe, dann klopft mein Herz zwar irgendwie spirituell, aber letztens doch mehr, nun, menschlich männlich…

Ich fragte meinen Geistführer: „Kann es sein, dass sich auch das Liebesleben durch spirituelles Denken verändert? Ist Sex dann überhaupt noch gefragt oder erlaubt? Das ist für uns Männer schon sehr wichtig. Ich kenne aus dem Sportverein genug Kollegen, die schon aus diesem Grund kein Interesse an Esoterik haben, weil sie gelesen haben, dass sich das mit dem religiösen Denken nicht so vereinbaren lässt, wie wir Männer das gerne hätten. Bin ich da auf dem falschen Dampfer oder hat es seine Richtigkeit? Bitte antworte mir umgehend."

Er tat es augenblicklich.

„*Immer wieder ist zu erkennen, dass der Planet Erde, was Lernprozesse betrifft, wirklich nicht der einfachste ist. Ich weiß natürlich, dass diese Frage für Männer von enormer Wichtigkeit ist.*

Mein Freund, ich sage dir, du befindest dich, wie du dich ausdrückst, auf dem falschen Dampfer. Es gibt in eurem Leben nichts Schöneres als die Liebe. Zu diesem gegenseitigen Ausdruck von Geben und Nehmen, im Gleichklang mit der Herzensschwingung, ist Sex Ausdruck gelebter Göttlichkeit. Damit meine ich nicht flüchtige und "leere" Begegnungen, denn diese dienen nur der körperlichen Befriedigung und sind ohne Herzensbeteiligung. Sex in einer glücklichen und harmonischen Beziehung ist ein Austausch von Energien, die von Freude und

Liebe geprägt sind, und so ein Ausdruck erfreut Gottes Herz.

Lasse dich nicht verunsichern von den Aussagen anderer, die sie irgendwo gelesen oder gehört haben. Frage dich selbst, was du empfindest, wenn du Liebe lebst und ausdrückst.

Wenn manche Partner spirituell an sich zu arbeiten beginnen – vor allem Frauen betrifft das - und dann ihre Einstellung zum Sex verändern, so ist das nur ein Zeichen dafür, dass sie beginnen zu erkennen, das Sex mehr ist, als ein bloßer Liebesakt. Frauen empfinden viel tiefer als Männer, und sie erkennen auch viel früher als diese, dass nicht die Häufigkeit der Vereinigung ausschlaggebend ist, sondern die Tiefe, mit der diese empfunden wird.

Frauen sind Weltmeister im Fühlen. Sie fühlen mit allen Sinnen den Akt der Vereinigung und es ist nicht von Belang, wie oft dieser stattfindet, sondern mit welcher Einstellung er geschieht. Wenn glückliche Paare sich in Liebe vereinen, strömen sie ein Licht aus, das von einer ganz besonderen, feinen Schönheit ist. Ein Licht, das den Engeln anzeigt, dass Menschen dabei sind, ihre Göttlichkeit auszudrücken.

Paare, die spirituell und in liebvollem Verständnis sich dem Akt der Liebe zuwenden, lassen ihr Licht in Form von Herzen zum Himmel hochsteigen. Ein Himmel voller Lichterherzen ist das, was uns allen Freude bereitet. Ein Sprichwort bei euch heißt: „Der Himmel hängt voller

Geigen!" Ich möchte hinzufügen: „...und voll lichterfüllter Herzen."

Ja, das waren die Worte meines Geistführers, die mir mehr als alles andere halfen, eine neue Einstellung zur Sexualität und zum Liebesleben mit meiner Frau zu finden. Eine große Liebe, wie die unsere, hat die Macht, mit einem Lächeln und dem zärtlichen Ausdruck der Augen, den vertrauten Gesten und dem Duft unserer Körper einander zu erfreuen. Unsere Partnerschaft besitzt die Kraft, das Gewöhnliche ins Außergewöhnliche zu verwandeln. Und das ist etwas, was das Leben ungemein bereichert!

Zu dieser Erkenntnis gelangt, verstand ich, weshalb der Mensch und das Leben an sich ständiger Veränderung unterworfen ist. Ich konnte daher guten Gewissens für mich in Anspruch nehmen, dass man oftmals eine bestimmte Zeit benötigt, ehe man zu einer neuen Einstellung gelangt.

Ich weiß, dass Liebe die höchste Emotion ist und dass Sex ein großer Bestandteil des Lebens ist, vor allem für uns Männer. Ich bin sehr froh, dass auch die Geistige Welt die Sache mit dem Sex so sieht. Denn das Denken darüber nimmt nun einmal einen hohen Stellenwert ein, und wenn die liebevolle Vereinigung den höchsten Segen von oben hat, dann bin ich sehr beruhigt. Mir gefällt es auch, die Vereinigung als schöpferischen Akt zu sehen, der unsere Energie anhebt und uns Eins sein lässt mit der Urkraft der Liebe.

Männer in einem fortgeschrittenen Alter, wie in meinem Fall, sind durch die Erfahrungen der Jahre insofern gereift, dass sie eine harmonische Beziehung mehr zu schätzen wissen, als eine nur auf Sex basierende. Ich weiß natürlich auch, dass es Ausnahmen gibt, aber das muss so sein, denn wir sind ja auf dem Planeten der Gegensätze, habe ich Recht?

Dann gibt es noch die Beziehungen, die von mangelnder Liebe und Unfrieden geprägt sind, die ich auch zur Kategorie "Lernen durch Erfahrung" zähle. Man braucht ja nur die Zeitung aufzuschlagen, schon liest man von dramatischen Vorfällen, in denen Gewalt und psychische Verhaltensauffälligkeiten die Regel sind. Meine Frau sieht das erfahrungsgemäß anders als ich. Sie bewertet nicht mehr so oft wie ich solche Geschehnisse, sondern meint dazu stets: Diese Seelen haben sich diesen Lernprozess ausgesucht, um daran zu reifen.

Mögen sie lernen, auf die Führung ihrer Herzen zu hören.

Ja, so denken und handeln Frauen...

Plötzlich wird man einsamer

Heidrun:

Das Umdenken bescherte uns eine weitere Erkenntnis: Fehler, die wir in unserer Entwicklung machen, sind einfach nur weitere Schritte zum persönlichen Wachstum. Wir sollten dankbar für sie sein, denn sie sind unsere Lehrmeister. Was man daraus lernt, dient uns auf unserem weiteren Weg. Denn das Lernen hört nie auf! Das Leben ist Veränderung und ständiges Fließen. Wir sollten mit dem Fluss des Lebens mitfließen und uns nicht dagegenstemmen. Das bringt nichts. Es ist unnötige Energieverschwendung. Wir müssen auch im vorgerückten Alter unser Wissen ständig verbessern und erweitern. So bleiben wir geistig rege und verlieren uns nicht in jammervollen Gedanken über Krankheit und Altersbeschwerden.

Es hat lange gedauert, ehe wir beide begriffen haben, dass wir bei jedem Problem, das uns heimgesucht hat, zu seiner Entstehung selbst beigetragen haben. Diese Erkenntnis half dabei, mit bestimmten Situationen zurechtzukommen und beim nächsten Mal war man dann klüger.

Die eigene Entwicklung voranzutreiben, war das Wichtigste, das ich lernen musste. Dass ich über alles, was mich bewegte mit meinem Mann besprechen konnte, erleichterte die Sache ungemein. Man kann wirklich mit Fug und Recht behaupten, dass wir beide den Weg des

Neuen Denkens im Kindergarten begonnen und uns langsam von der Grundschule aus hochgearbeitet haben. Ja, das Umdenken war mit Arbeit verbunden! Nichts fiel einem von selbst in den Schoß. Nicht zu den damaligen Zeiten, wo vieles erst im Aufbau war. Der Großteil der Menschheit wurde erst durch „leuchtende Vorreiter“ wie Louise Hey, Doreen Virtue oder Diana Cooper vermehrt auf ganzheitliches Denken und Engelsführung hingewiesen.

Eines der ersten Bücher, die mein Mann und ich mit Begeisterung lasen, war das kleine Büchlein „Gesundheit für Körper und Seele“ von Louise Hey. Jede Zeile darin sprach uns an, berührte unser Herz und motivierte uns zum Umdenken.

Solche Bücher waren eine große Hilfe in jener Zeit, als wir feststellen mussten, dass sich in unserem Freundeskreis die Reihen ohne unser Zutun lichteten. Wir konnten es uns anfangs nicht erklären, doch in Gesprächen mit Gleichgesinnten erfuhren wir, dass dem eine einfache Erklärung zugrunde lag. Es passierte, weil wir begonnen hatten uns weiterzuentwickeln. Dies zu einem Zeitpunkt, wo noch nicht viele dazu bereit waren. Zumindest nicht in diesem Ausmaß, wie es bei uns geschah. Diese Veränderung strahlten wir in unser Umfeld aus und es beeinflusste dieses. Das hatte zur Folge, dass wir mehr und mehr begannen, uns mit uns selbst zu beschäftigen und jene, die noch nicht dazu bereit waren, sich immer weiter von uns entfernten. Anfangs traf man sich noch gelegentlich, doch mit der Zeit blieb auch das aus und man sah sich nur mehr von weitem.

Ich war naturgemäß sehr offen für Workshops, Vorträge und bewusstseinserweiternde Seminare. Zu Beginn ließ ich mich noch von meiner Freundin zu allen möglichen Veranstaltungen und Ausbildungen mitschleppen, bis ich lernte, auf meine eigene innere Stimme zu hören. Vieles, das zum damaligen Zeitpunkt angeboten und von mir gebucht wurde, hätte ich mir besser erspart. Aber es ist halt viel einfacher von anderen gesagt zu bekommen, wie großartig man ist, wie spirituell offen und so weiter. Da ich nie die Absicht hatte, mit anderen Menschen therapeutisch zu arbeiten, waren diese Ausbildungen für mich unnötig. Das gilt natürlich auch für die Kosten. Das Gesetz der Anziehung besagt zwar, wenn man großzügig ausgibt, kommt es genau so großzügig wieder zurück. Doch da muss ich einiges falsch verstanden haben. Ich warte immer noch auf den Rückfluss…

Dabei gibt es unzählige Ratgeber darüber, wie man Fülle und Wohlstand kreieren kann. Es gibt sicherlich keinen Ratschlag, den nicht auch ich ausprobiert habe, aber entweder funktionierte das System nur bei den betreffenden Autoren oder ich war einfach nicht in der Lage, diese Erkenntnis bewusstseinsmäßig zu materialisieren. Doch man lernt mit jeder Erfahrung. Heute weiß ich, dass es darauf ankommt, Reichtum in mir zu fühlen, zu wissen, welch grenzenloser Schatz in mir selber drinnen ist, und dann kann und wird sich das Universum nach meiner Fühl- bzw. Denkweise ausrichten. Doch bis es soweit war, galt es schon Kämpfe in der Partnerschaft auszutragen. Zum Glück siegte stets die beiderseitige Herzenseinstellung vor dem Verstand.

Auf die Idee, beim Universum einen Parkplatz zu bestellen, wurde ich schon im ersten Mentaltraining aufmerksam gemacht. Es funktionierte nicht auf Anhieb. Ich sagte den Engeln, wo ich überall einen Parkplatz benötigte. Anfangs zweifelte ich jedoch zu oft an der Verwirklichung, und parkte in der ersten Lücke, die ich sah, um nach fünf-minütigem Fußmarsch festzustellen, dass genau vor dem Eingang der Bank der für mich reservierte frei gewesen wäre. Danach perfektionierte ich meine Bestellungen, aber ich muss gestehen, bisher funktionieren sie hauptsächlich bei der Parkplatz-Reservierung.

In all den spirituellen Lehr- und Sachbüchern steht, dass sich unsere Wünsche erfüllen, sobald wir uns verinnerlichen, was wir brauchen. Und dass es immer nur darum ginge, die Dinge auch zuzulassen. Das habe ich nun schon so oft gelesen, warum es noch immer nicht so funktioniert, wie ich das möchte, weiß ich nicht.

In jener Zeit hatten mein Mann und ich die intensivsten Probleme mit dem Ego. Unserem meist verharmlosten inneren Schweinchen, das partout nicht die bisherige Vormachtstellung aufzugeben bereit war. Doch wir haben beide Hörner in unseren Sternzeichen! Auf die Dauer musste dies auch das Ego einsehen …

Warum macht es uns Männern Angst, wie Frauen sich durch Esoterik verändern?

Ernst:

Ich bemühte mich wirklich sehr, auf dem Weg des Umdenkens voranzukommen und hatte schon viele Vorurteile und übernommene Glaubensmuster abgelegt. Das sollte für mich ein Ansporn sein, nicht stehen zu bleiben, betont meine Frau wort- und gestenreich. Denn dies führe mich in einen Zustand des Zulassens und Geschehenlassens. Dieser Zustand würde mir Frieden und inneres Gleichgewicht bringen. Und wenn um mich herum das Chaos ausbrechen sollte, werde ich trotzdem immer mehr in meiner Mitte ruhen können. Nun, diese Weisheit funktionierte erst nach und nach. Dazwischen gab es Zeiten, wo ich meine liebe Gattin gerne für einige Zeit in die spirituellen Weiten des Universums entlassen hätte, damit ich in Ruhe mit meinen Problemen zu Rande kommen könnte.

Frauen sind durch ihre emotionale Bandbreite sehr offen für die innere Stimme, und sie sind schneller als wir Männer bereit, sich von ihrem Herzen führen zu lassen. Sie erkennen deshalb früher die Illusion hinter den Gegebenheiten des Lebens und sind oftmals nicht gewillt, länger Konzessionen einzugehen, nur um dem gegebenen Weltbild zu entsprechen. Das führt naturgemäß zu einer großen Veränderung in Beziehungen, wenn es nur ein Teil ist, der sich zu einer solchen Veränderung bekennt. Das haben, wie ich mittlerweile aus Gesprächen mit Freunden weiß, auch andere am eigenen Leib erfahren und Zeit gebraucht, um die Frau an ihrer Seite mit ihrer neuen Lebenseinstellung so anzunehmen, wie sie ist. Dass ich bereit war, es zu tun, hat unserer Beziehung gut getan, weil dadurch neue Gemeinsamkeiten entstanden sind, die wir in vielen Gesprächen miteinander austauschen konnten, und von denen letztlich jeder profitiert hat

Doch ich weiß auch, dass nicht jeder Mann bereit ist, das geänderte Verhalten seiner Partnerin anzunehmen, ohne dagegen zu rebellieren. Der eine sucht Trost im Alkohol und reagiert dementsprechend aggressiv auf alles, was mit den neuen "Wünschen" seiner Partnerin zusammenhängt, ein anderer wiederum zieht sich beleidigt in sich selbst zurück und erhofft dadurch wieder mehr Aufmerksamkeit zu bekommen. Dann gibt es noch andere Männer, die nichts mehr mit "dieser Partnerin" anfangen können, und eine Trennung unausweichlich ist, weil sie mit dem "Esoterikfimmel" ihrer Partnerin nicht umgehen können oder wollen.

Auch meine Annahme, dass es Sünde sei, wenn man etwas tut, was nicht mit dem allgemeinen Denken anderer

Menschen oder der Glaubensgemeinschaft übereinstimmt, musste ich neu überdenken.

Der Ausdruck "Sünde" wurde von Menschen geprägt, um andere damit unter eine gewisse Kontrolle zu halten. Er hat mit Furcht zu tun und zwingt Menschen oftmals dazu, ihren eigenen Empfindungen nicht zu trauen, um nicht Gefahr zu laufen, etwas "Sündiges" zu tun.

In dieser unruhigen Zeit des globalen Wandels verändern wir uns alle in rasantem Tempo. Was heute noch ein festgefahrenes Weltbild ist, kann in naher Zeit schon völlig auf den Kopf gestellt werden.

Das halte ich mir vor Augen, wenn mich Aussagen anderer Menschen kränken, besonders wenn es vom engsten Umfeld geschieht. Ich habe mich aufgemacht, die Reise durch die Veränderung anzutreten, um einen anderen Bewusstseinsstand zu erreichen. Deshalb ist es nur recht und billig, auch allen anderen diese Lernschritte zuzugestehen.

Aber einfach ist es wirklich nicht…

Das liebe Ego

Ernst:

Bedenken wir vor allem, wie sehr wir darauf achten, dass wir vor anderen „gut dastehen“. In der heutigen Zeit, wo die meisten Menschen, uns eingeschlossen, sich nach Äußerlichkeiten richten, ist es umso schwerer, das eigene Ego zurückzustecken, um zu erkennen, dass es dieses Persönlichkeits-Ich ist, welches uns vom geistigen Weg abhalten möchte. Auch wenn man sich noch so sehr bemüht, sich den spirituellen „Spielregeln“ anzupassen, muss man doch immer wieder erkennen, dass man ein Mensch ist mit all den Fehlern und guten Seiten.

Zu lernen, dass das Ego nicht mehr die erste Geige im Leben spielen soll, ist eins der schwierigsten Dinge, die es zu bewältigen gilt. Meine Frau tut sich da ein klein wenig leichter, obwohl, ich ertappe sie immer wieder dabei, dass auch sie ihr Menschsein vor die Tatsache stellt, dass ein göttliches Wesen nicht so handelt und spricht, wie dies immer wieder und immer noch geschieht.

Zum Ausdruck des „Gut-da-stehen-Programms“ gehört, dass Frauen glauben, sie müssten unbedingt den Vorgaben der Modeindustrie und der Models am Hungerhaken entsprechen. Als Mann kann ich nur sagen, dass Frauen gut beraten wären, wenn sie sich nicht auf diese

Vorgaben einlassen, sondern darauf achten würden, wie sie sich wohlfühlen. Die wenigsten Männer bevorzugen es, wenn bei ihren Frauen die Hüft- und Schulterknochen wie bei einem Kleiderständer hervorstehen. Wir wollen Frauen, die sich ihrer Fraulichkeit bewusst sind, und die sich in ihrem Körper wohlfühlen. Aber die Geschmäcker sind halt verschieden und man muss akzeptieren, wie jeder sich gibt, beziehungsweise nach wessen Vorbild er strebt.

Das hat, wie schon erwähnt, mit bedingungsloser Liebe zu tun – der Akzeptanz. Ist nicht immer einfach. Schon gar nicht für einen Mann…

Heidrun:

Das liebe Ego hat für manch hitzige Debatte zwischen meinem Mann und mir gesorgt. Weil er auch nicht einsehen will, dass gutes Aussehen für uns Frauen von essenzieller Bedeutung ist. Wir sind der Meinung, der Mann kann uns ja gar nicht lieben, wenn wir um den Bauch herum zunehmen, vor allem nach den Schwangerschaften oder nach jeder Diät. Wie störend sich das aufs Gemüt legt, wenn sich um die Hüfte ein Ring zu bilden beginnt, der einen bei allem was man tut, stört - am meisten beim Sex. Dass dies ein Mann nicht versteht, damit muss Frau lernen zu leben. Aber auch dabei hilft Spiritualität.

In Sachbüchern über Selbstliebe und Selbstwertgefühl steht, dass man dem Universum einfach laut verkünden sollte, was man möchte und das möglichst auch bereits zu fühlen. Nun ich erzählte dem Universum: „Liebes Universum, ich bin glücklich, dass ich genau die Traumfigur habe, die mich selig macht. Ich danke dir auch dafür!“ Als sich nach einiger Zeit nichts, aber auch gar nichts bei meiner Figur tat, schrie ich meine Bestellung hinaus in die Nacht. Es hätte ja sein können, dass die da draußen im Universum gerade an Tinnitus leiden, und mich deswegen nicht hören konnten. Das einzige, was sich bemerkbar machte war mein lieber Gatte, der meinen wohlgerundeten Hintern tätschelte und bestätigte: „Ja, liebes Universum, ich danke dir für ihren Hintern!“

Dass wir Frauen so sehr unter Figur- Problemen leiden, hat mit Selbstliebe zu tun und damit, dass mit zunehmender Bewusstseinsänderung neue Prioritäten gesetzt werden. Doch es ist ein weiter Weg bis man soweit ist. Meine Energetikerin und liebe Freundin Barbara sagt mir immer wieder, wenn ich lerne in die Stille zu gehen, dann lösen sich viele meiner Probleme wie von selbst. Ich habe immer wieder versucht, in die berühmte Stille zu gehen, aber ich hätte nie gedacht, dass das so schwer ist. Letztens habe ich in einem Anflug von Ärger, nachdem es mit dem „In-die-Stille-gehen“ wieder nicht so geklappt hat, wie ich mir das vorstellte, mit meiner geistigen Führung kommuniziert.

Ich war frustriert, weil es mir noch immer nicht gelang, meine Engel und Geistführer zu sehen, wie dies bei anderen spirituellen „Größen" der Fall ist. Deshalb wandte ich mich an meine Engel:

„Geliebte, geistige Führung, ich habe das Bedürfnis nach Kommunikation. Hört ihr mir zu?"

Wir hören!

„Danke. Ich möchte darauf zurückkommen, dass ich mir immer noch so schwer tue, mit dem „In die Stille zu gehen". Heute habe ich mich hingesetzt und eine Zeitlang meinen Atem beobachtet. Ich habe die Prana-Atmung gemacht, und trotzdem sind schon nach kurzer Zeit wieder die verschiedensten Gedanken im meinem Kopf aufgetaucht. Das sind Gedanken, die in diesem Moment dort wirklich nichts verloren haben. Weshalb kommen sie und warum sind auch immer wieder Gedanken dabei, die mir Angst machen?"

Liebste Seele, wir verstehen deine Bedenken. Bitte, sei nicht ungeduldig. Du kannst nicht erwarten, dass du von heute auf morgen deinen unruhigen Verstand in das ruhige Fahrwasser der Meditationsstille führen kannst. Auch ein kleines Kind muss erst lernen seine Beine zu gebrauchen, um sich alleine fortzubewegen. Du bist auf dem richtigen Weg, wir fühlen es. Und wir unterstützen dein Bemühen, mit deiner Seele in Kontakt zu kommen.

Es sind sehr viele Ängste in deinem Unterbewusstsein gespeichert, die dein Verstand hervorholt, wenn du im Begriff bist, dich mit deinen Seelenerfahrungen auseinanderzusetzen. Es ist das menschliche, dein Ego, das deine Versuche in die Stille zu gehen, torpedieren möchte, um seine bisherige Vormachtstellung nicht zu verlieren. Es liegt an deiner Konsequenz, wie du damit umgehst. Bleibst du auf deine Mitte konzentriert, wird sich das Unterbewusstsein immer weniger in deine Meditationen „einmischen", und du wirst von Mal zu Mal weniger davon bemerken.

„Ihr habt Recht. Ich habe heute eine tolle Idee gehabt, die ihr mir wahrscheinlich eingegeben habt. Als immer mehr angstvolle Gedanken in meinem Kopf aufgetaucht sind und ich schon wieder aufgeben wollte, da habe ich beim Ausatmen begonnen den angstvollen Gedanken wegzublasen. Ich habe kräftigst ausgeatmet und diese gestauten Angstenergien in die unendliche Weite meines Universums entlassen. Es ist mir einige Zeit sehr gut gelungen und ich war selber überrascht, wie einfach und gut es sich angefühlt hat, dieses Loslassen."

„Geliebtes Licht, wir freuen uns, dass du unsere Führung erkennst und annimmst. Willst du über den Gedanken sprechen, der dich heute schon eine Zeitlang beschäftigt? Wir wissen, dass du nicht nur für dich fragst, sondern dass unsere Kommunikation anderen Menschen helfen soll, die neue Energie in diesem Zeitenwandel zu verstehen und zu integrieren.

„Ja gerne. Ich habe mich gefragt, wie andere Menschen mit diesen sich nach oben und unten bewegenden Prozessen umgehen. An den meisten Tagen fühlt es sich für mich an, als ob ich mich rückwärts anstatt vorwärts bewege. Wenn ich mich in meinem Umfeld aber umschaue, bemerke ich bei den meisten Mitmenschen keine solch tiefgreifenden Lernerfahrungen. Eher schaut es so aus, als ob diese Seelen von allen Widrigkeiten verschont blieben, während Lichtarbeiter von einer Prüfung nach der anderen durchgebeutelt werden. Findet ihr das gerecht?“

„Liebste, ob etwas gerecht ist oder nicht, darüber urteilen nur Menschen. Wir sehen, dass jede Seele ihrer selbstgewählten Bestimmung folgt. Viele Seelen hören nicht auf ihren Körper. Sie hören nicht auf die Signale ihrer Seele und so erkennen sie auch nicht immer, dass sie lernen wollen, ihre Süchte und Ängste aufzulösen. Es gibt Seelen, die süchtig danach sind, sich selbst zu sabotieren. Ihre spirituelle Entwicklung zu hintertreiben, indem sie abhängig bleiben von Stress, Sorge und Angst. Sie sind abhängig von Mangel und Verlust und leben dies ungehindert aus. Viele Seelen verbleiben in der Energie von Selbsthass, Schuldzuweisung, Kritik, Verurteilung. Sie haben kein Interesse daran, spirituelle Aufarbeitung zu betreiben und fühlen sich wohl in der Energie, die sie an die alten Muster bindet. Das ist zu akzeptieren, denn es ist ihre Wahl. Seelen, wie du, die daran interessiert

sind, die dichten Energien der dritten und vierten Dimension zu verlassen, um in lichtvollere zu wechseln, werden oftmals vor Prüfungen gestellt, um zu erkennen, wie weit sie bereit sind, ihrer Seelenbestimmung zu folgen. Da bleibt es nicht aus, dass schmerzhafte Erfahrungen durchlebt werden müssen, ehe du erkennst, dass diese Erfahrungen menschlich und von dir selbst als Lernprozess ausgewählt worden sind. Wenn du das aber erkennst, wirst du leichter Stufe für Stufe auf deiner lichtvollen Entwicklung aufsteigen können. Schmerzhafte Erfahrungen lassen dich lebendig fühlen. Sie erinnern dich daran, dass du es wert bist in dieser Zeit des Umbruchs zu leben, denn das ist, was du dir ausgesucht hast und was dich motiviert, deine Kraft göttlich einzusetzen.

Schau nicht nach dem was andere tun, was sie sind und haben. Es geht einzig und allein um deine Entwicklung. Darum, deine eigene Farbspirale zum Strahlen zu bringen. Du hast die Macht Großes zu manifestieren, andere Menschen auf dem Lichtweg zu begleiten, um einen positiven Wandel in der Welt zu bewegen. Wie vielen Seelen wurde diese Gabe mitgegeben?"

„Danke. Das habe ich gebraucht, um wieder aus der Energie des Jammerns herauszukommen. Ihr habt ja so Recht. Anstatt dankbar zu sein für die Gnade, in meinem Alter noch rechtzeitig die Abzweigung hin zum Spirituellen gegangen zu sein, lamentiere ich wegen Nichtigkeiten. Für die Älteren auf dieser Welt war es ja in den vergangenen Jahrzehnten nicht so leicht, aus der Energie des

Ich-bestimmten-Denkens auszusteigen. Die jüngeren Seelen, die jetzt um uns sind, haben schon von Zuhause viel mehr Licht mitbekommen, und das ist gut so. Deshalb geht jetzt auch so viel weiter. Deshalb verändert sich tagtäglich in Wirtschaft, im Finanzwesen in der Gesellschaft allgemein so vieles. Ich will mich daran erfreuen, anstatt darüber nachzudenken, was wäre wenn…"

„Wir lieben dich! Sei dir dessen immer bewusst! Wir stehen bereit, um dir Hilfestellung zu geben, doch benötigen wir deine Mitarbeit dazu. Du musst dein Herz, dein inneres Ohr öffnen und bereit sein, auch jene Dinge zu hören, die du bis jetzt aus deinem Leben und aus deinem Bewusstsein ausgeklammert hast. Es sind dies Energien, die sich in deiner Seele festgesetzt haben und die nun an die Oberfläche drängen. Sie wollen aus der Dichte in das Licht, damit sie losgelassen und transformiert werden können. Energien aus früheren Leben zu transformieren, dafür hast du die Hilfe von Barbara. Die Energien aus deiner Kindheit und Jugendzeit, die dich belasten, bist du aufgerufen, selbst zu erkennen. Das kannst du nur, wenn du bereit bist deine Ohren für das Wesentliche zu öffnen".

„Was ist das Wesentliche, geliebte Führung?"

„Das ist das, was du an Prioritäten setzt. Dem, was du Kraft und Energie gibst, ohne darüber nachzudenken, ob es deinem spirituellen Wachstum dienlich ist oder nicht. Daran, wie du den Dingen in deinem Leben Wertigkeit

gibst, erkennst du, ob du deiner Göttlichen Führung folgst oder deinem persönlichen Ich. Meistens ist es das Persönliche, dem du nachgibst, weil es leichter zufriedenzustellen ist. Es fällt dir von jeher leichter nachzugeben, um nicht anzuecken und um gut dazustehen. Das ist ein Programm, das dir in Kinder- und Jugendjahren eingeimpft wurde, und dem du, obwohl du bewusstseinsmäßig an dir zu arbeiten begonnen hast, noch immer festhältst.

Hinterfrage einmal deinen Tagesablauf. Gehe bewusst durch die Stunden des Tages und beobachte deine Antworten und deine Gedanken. Sind sie in Übereinstimmung mit deiner Seele oder mit deinem Ego? Sind sie darauf bedacht, in Frieden mit deinem Umfeld zu sein oder dienen sie deinem Wachstum? Beobachte und dann handle!"

„Wie soll ich das tun?"

„Erkennen ist der erste Schritt. Wenn dir bewusst wird, dass du wieder den Zuckerstreuer benützt, der dir dein Leben versüßen soll, dann stelle ihn zurück in den Schrank und stelle dich der Konfrontation mit der Wirklichkeit. Nichts in deinem Leben geschieht ohne Grund, auch wenn es noch so banal ist. In jeder Handlung, in jedem Gedanken steckt eine Energie, die Einfluss auf dich hat. Lerne zu erkennen, wie du diese Energien sinnbringend nützen kannst. Stelle dich den Anforderungen, beschönige nichts, bleibe bei der Wahrheit und fließe mit

der Erkenntnis, dass du selbst es in der Hand hast, deinem Leben jene Richtung zu geben, auf die du fokussierst".

„Ich versuche es ja, aber ich schaffe es nicht, weil ich mich immer ablenken lasse. Wie kann ich das ändern?"

„Indem du lernst, in die Stille zu gehen. Dich nicht einzulassen auf das, was dir an Wichtigem vorgesagt wird. Du fühlst es, wenn etwas für dich wichtig ist. Je mehr du dich darauf einlässt, dein inneres Ohr zu öffnen, desto schneller wirst du erkennen, was in deinem Leben vorrangig ist. Es sind nicht die Meldungen in den Medien, nicht die Komplimente anderer und schon gar nicht der Trugschluss, dass du schon genug „gelernt" hast, weil du dich dem Spirituellen schon so lange widmest. Es kommt nicht auf die Dauer an, sondern darauf, wie sehr du bereit bist, Herz- und Seelenöffnung zuzulassen. Nur zu sagen: „Ich bin ja bereit! Ich will ja alles tun!, genügt nicht, um die Öffnung deiner Seele, deines Herzens geschehen zu lassen. Viel zu viel Verwundungen, Verletzungen, Verzerrungen und Irrungen haben dazu geführt, dass sich viele Schichten ungelöster Energien um Herz und Seele legen konnten.

Nur mit intensiver Aufarbeitung wird sich Schicht um Schicht lösen und den Blick auf das darunterliegende freigeben. Dadurch werden immer wieder neue Themen/Enèrgien aufzeigt, die erkannt und transformiert werden müssen. Du kannst als Mensch nicht wissen, wie oft du deine Seele „belastet“ hast, deshalb kannst du auch nicht erwarten, dass sich die Aufarbeitung nach deinem Denken gestaltet. Wenn du lernst, deiner Seele zuzuhören, wirst du wissen, wann du auf den Bodensatz stoßt. Dann, geliebte Seele, genügt wirklich nur ein kurzer energetischer Kraftakt, und das Licht deiner Seele wird in ihrer vollen Strahlkraft leuchten“.

„Bitte, helft mir in die Stille zu gehen. Immer, wenn ich das tue, schlafe ich ein!“

„Dann lege dich das nächste Mal nicht hin, sondern setze dich aufrecht auf einen Sessel.

Lass keine Ausreden zu, sondern übernimm Selbstverantwortung.

Stelle deine Wertigkeit nicht infrage, sondern stehe zu deinen Wünschen und Überzeugungen. Wenn du etwas wirklich willst, erreichst du es.

Wenn du wirklich bereit bist zu spirituellem Wachstum, wirst du dich weder ablenken noch abhalten lassen von den Dingen, die dir am Herzen liegen. Wir wissen, dass dir dein spirituelles Wachstum am Herzen liegt, deshalb sind wir zur Stelle, wenn du es auch bist!“

DANKE! Das hat gut getan!

„Immer gerne zu deinen Diensten!“

Warum passiert so viel Schreckliches?

Ernst:

Wir Männer sind ja zum größeren Teil noch im Denken gefangen, welches etwas weiter weg von spirituellem Verständnis ist. Umso mehr berühren lichtvolle Wahrheiten mein Herz und regen mich Geschehnisse auf, die mit Mord und Totschlag zu tun haben. Die Medien sind jeden Tag voller Katastrophenmeldungen. Wie soll man sich da heraushalten ohne für gefühlskalt oder verweichlicht gehalten zu werden? Ich weiß sehr wohl, dass wir durch die Medien manipuliert werden, aber man kann den Nachrichten gar nicht so ausweichen, wie man das möchte. Ich frage mich wirklich, warum passieren immer mehr Erdbeben, Tsunamis und Vulkanausbrüche?

Meine Frau sagt: „Wenn du kein Gefühl in diese Nachrichten hineinlegst, kann sich auch nichts im Unterbewusstsein festsetzen. Denn nur, wenn Gedanke und Emotion zusammen agieren, bleibt es bestehen. Es sinkt immer tiefer ins Unterbewusstsein und von dort spricht es auf all das an, was mit diesen Dingen konform geht. Dann laufen all die Programme ab, die mit solchen ähnlichen Programmen in einem gespeichert sind.“ Darüber hat es anfangs Diskussionen gegeben, bei denen jeder bemüht war die Logik des anderen anzusprechen, um seine

Wahrheit an den Mann beziehungsweise die Frau zu bringen. Inzwischen habe ich begriffen, dass man von Katastrophen betroffene Menschen mehr helfen kann, wenn man ihnen Gedanken der Liebe sendet und, wenn man in der Lage ist, ihnen natürlich auch materielle Hilfe zukommen lässt. Um besser zu verstehen, warum das für Menschen so Schreckliche passiert, sollte man bereit sein, das Ganze in einem größeren Rahmen zu sehen. Die Erde muss sich von den Altlasten befreien, die das Denken der Menschheit verschuldet hat. Diese Prozesse für die Erde sind wie Geburtswehen – schmerzhaft, aber notwendig.

Die Erdenmutter hat unendlich viel erduldet und wir tragen unseren Teil dazu durch Umweltverschmutzung, Gedankenlosigkeit und Ausbeutung ihrer Ressourcen bei. Der Mensch selber ist so gesehen die Krankheit (Ursache), an der die Erdenmutter so schwer zu leiden hat. Ein Umdenken hat bereits eingesetzt, aber noch viel zu wenig, und so müssen wir jeden Tag mehr mit Schrecken die Auswirkungen unseres Denkens und Handelns erkennen.

Das alles, was geschieht, im Lebensplan des Einzelnen so vorgegeben ist, ist mit unserem Denken nicht immer begreifbar. Für einen Großteil der Menschen ist diese Zeit der Umwandlung eine Entscheidung, den Aufstieg der Erde bewusst von einer Dimension in die nächste zu machen, oder sie Teil der alten Dichte bleiben zu lassen, mit all den Folgen, die damit einhergehen. Für sie bedeutet dies, noch einige Zeit im alten Denken zu verharren, und nicht bereit zu sein, Selbstverantwortung zu übernehmen.

Für den anderen Teil beginnt die Reise, sich als ein Ganzes zu erkennen, sich in eine neue Form des Bewusstseins zu entwickeln, das frei von Bewertung und Kopfdenken ist. Das mit dem Bewerten ist auch so eine Sache, die nicht in vollem Umfang umsetzbar ist. Zumindest nicht für mich. Allein, wenn ich einen Zeitungsartikel oder eine Meldung im Fernsehen kommentiere, bin ich schon im „Bewerten-Modus“.

Wie ich das handhaben soll, kann mir auch Heidrun nicht wirklich erklären, denn sie ist es selbst, die immer wieder in diese alte Schiene hineinfällt! Sie meint dann immer: „Aber ich erkenne es sofort, wenn ich in diese Energie falle und dann bitte ich geistig darum, sie zu transformieren.“ Na ja, wenn sie glaubt, dass sie damit den Stein der Weisen gefunden hat, soll es mir recht sein…

Neue Gedanken über Partnerschaft

Heidrun:

Bei einem Seminar, von dem ich mir sehr viel versprochen hatte, weil die Seminarleiterin eine äußerst hellsichtig begabte Person sein sollte, wurde ich mit einem Thema konfrontiert, bei dem ich dachte, dass ich am kompetentesten dafür sei, darüber Auskunft geben zu können. Sie fragte die Teilnehmer, unter denen auch zwei Männer waren, wie sie sich eine gute Ehe vorstellten. Nun, der eine meinte etwas verlegen, wenn die Frau nicht berufstätig sei und sich ganz dem Mann und der Familie widmen würde. Ein Raunen ging durch die Reihen der anwesenden Frauen. Der andere Mann war klüger. Er sagte, einer solle sich auf den anderen einstellen und akzeptieren, was dieser gerne möchte. Er für sich allerdings zöge es vor, genügend Freiraum für seine Unternehmungen zu haben und es schon begrüße, wenn seine Partnerin nicht dasselbe in Anspruch nehmen würde. Danach ging es einige Zeit ganz schön turbulent zu.

Endlich kam ich zu Wort. Ich erzählte von meiner glücklichen Ehe, die schon so lange andauere. Vom liebevollen Verständnis, mit dem ich meinen Mann umsorge und davon, dass wir in all den Ehejahren noch nie – ich wiederhole es – noch nie gestritten haben. Weshalb auch danach jeder durcheinander redete, sodass ich nicht wusste, lachen sie über mich oder bewundern sie meine Ehe. Bis Carla, die Seminarleiterin uns aufklärte, wie eine Beziehung in der heutigen Zeit – sprich Neuen Energie – sein sollte.

Sie sagte: „ Für eine Partnerschaft und für die Entwicklung des Einzelnen sei es am allerbesten, wenn beide in getrennten Wohnungen leben könnten.“

Höre ich richtig?

„Wenn sich die Partner bestimmte Zeiten ausmachen, die sie gemeinsam verbringen möchten und ansonsten ihren eigenen Bedürfnissen nachkommen können, bedeutet dies für beide eine harmonische Beziehung. Jeder könne sich seinen Freiraum so einteilen, wie er es gerne möchte und trotzdem ist das Wissen da, dass der andere jederzeit für ihn da ist, wenn er ihn brauchen sollte. Ob gemeinsam gekocht wird oder nur an bestimmten Tagen gemeinsam die Beziehung gelebt wird, ist Sache der beiden.“

Wow!

Als ich diese Weisheit brühwarm meinem Gatten erzählte, meinte er, das Mysterium einer Frauenseele werde von der Spezies Mann nie erforscht werden können. Auch nicht, wenn sie sich die größte Mühe geben würden, und sie ihre weibliche Seite in allen, für Frauen wesentlichen Belangen, zum Ausdruck bringen würden. Da wäre immer etwas, was ihnen den wirklichen Durchblick verwehren würde. Er sagte ganz entsetzt:

„ Als ob die meisten Männer nicht alles tun würden, um die eigene Frau zufriedenzustellen. Jetzt sollen sie vielleicht auch noch die Wäsche waschen, damit die Frauen genügend Freiraum haben, um sich verwirklichen zu können?“

Ja, unsere Männer haben es nicht leicht!

Aber ich habe ihn dann genauer aufklären können, wie Carla das gemeint hatte und denke, dass ich seine Bedenken, in seinem etwas vorgerückten Alter vielleicht noch zum Hausmann werden zu müssen, zerstreuen konnte. Wie bei allem, hat auch diese Erkenntnis zwei Seiten.

Carla sagte: „Paare, die seit Jahren und Jahrzehnten in einer gewohnten Zweisamkeit leben, haben meist nicht das Bedürfnis, an dieser Einstellung etwas ändern zu wollen.“ *Na also, wusste ich es doch, ich bin auf der richtigen Seite!* „ Doch die neue Zeit mit ihren geänderten Anschauungen bringt auch hier neue Varianten des Zusammenlebens ins Spiel. Nicht alles was neu ist muss gleich verworfen und für schlecht befunden werden, nur weil es nicht eurem gewohnten Denkschema – und eurer Bequemlichkeit - entspricht.

In dieser Zeit des großen Energiewandels haben viele Frauen in einer einengenden Partnerschaft nicht die Möglichkeit, sich menschlich wie spirituell zusammen weiterzuentwickeln. Wenn die an sonst harmonische Beziehung nicht daran zerbrechen soll, ist es tatsächlich von Vorteil, wenn jeder sein eigenes Reich hat, um ohne Zurufe sein Leben nach den eigenen Vorstellungen zu gestalten.

Doch auch hier gilt das umzusetzen, was den Bedürfnissen beider entspricht. Wenn sich ein Partner, aus Angst seine gewohnte Haushälterin zu verlieren, gegen ihren gewünschten Freiraum sperrt, wird die Beziehung sicherlich einer Zerreißprobe unterworfen werden. Wenn einer der Partner den Freiraum möchte, um sich ungestört außerehelichen Freuden widmen zu können, wird das nicht dazu beitragen, dass diese Beziehung von langer Dauer sein wird. Doch es gibt immer mehr Paare, deren beiderseitiger Wunsch es ist, im Zuge ihrer Seelenführung genügend Zeit zu finden, sich mit dem eigenen Seelenwachstum zu beschäftigen. Diese finden in der neuen Form des Zusammenlebens jene Erfüllung, nach der sie sich sehnen.

Natürlich lässt sich so eine Form des Zusammenlebens nur verwirklichen, wenn dazu die Räumlichkeiten vorhanden sind. Paare, die diese Möglichkeiten nicht haben, können mit beiderseitigen guten Willen auch innerhalb ihrer beengten Wohnsituation sich einen Freiraum schaffen, der vom Partner respektiert werden sollte.

Schon ein altes Sprichwort auf Erden sagt: "Platz ist in der kleinsten Hütte!" Dem möchte ich hinzufügen: "Um göttliche Erkenntnis und innere Freiheit zu erlangen, bedarf es weder eines großen Hauses noch einer kleinen Hütte. Das findest du in dir selbst. So klein dir dein organisches Herz auch vorkommen mag, so unendlich groß ist dein spirituelles Herz. In ihm haben Welten, Galaxien und Dimensionen Platz. Da wird sich doch auch ein

Plätzchen finden, um ungestört vom Partner an der eigenen Bewusstwerdung arbeiten zu können.“ *Ich denke, da hat Carla Recht!“*

Gestern fragte ich meine geistige Führung: „Welche Fragen haben die Menschen?“ Die Antwort überraschte mich, denn ich bekam die Antwort: „Erkennt euren Wert! Liebt euch und wisst, dass dem, der Göttlicher Führung vertraut, alles gegeben ist.“

Ich weiß, dass die drängendsten Fragen der Menschheit jene sind, die das eigene Überleben, die Sorge um ihre Angehörigen, um Besitz und Arbeitsplatz betreffen. Viele Länder haben ihre Bewohner durch falsche Entscheidungen in eine Lage gebracht, wo sie nicht mehr wissen, wie sie das Überleben bewerkstelligen können, weil sie keine Arbeit mehr finden und sie oftmals das Dach überm Kopf nicht mehr erhalten können. Es ist eine Zeit, in der die Angst das vorherrschende Element ist.

Meine Führung sagte: „ *Diese Ängste sind es, die die Menschen in Unterdrückung, Manipulation und Armut festhalten. Ihr seid unbegrenzte Seelen. Weitet euren Geist und ihr werdet dadurch erkennen, dass es die Gegenseite mit ihren dichten Energien ist, die diese Ängste noch schüren, damit ihr leichter in den Fängen profitgieriger Individuen gefangen bleibt. Medien und Großfirmen sorgen sich, wenn zu viele Menschen beginnen, sich an ihre eigene Kraft zu erinnern. Damit sind sie nicht mehr so leicht zu manipulieren und das bringt für diese*

Gruppe Verlust von Einfluss, Macht und Geld. Damit das nicht geschieht, wird von ihrer Seite aus noch alles aufgeboten, was euer Erwachen verhindern beziehungsweise hinauszögern kann.

Wisse, dass dieses Vorhaben zum Scheitern verurteilt ist. Zu viele lichtvolle Seelen sind sich mittlerweile ihrer eigenen Schöpferkraft bewusst geworden und unterstützen mit bereitem Herzen jene, die sich für die Rückkehr zur Wahrheit einsetzen.

Wenn jeder weiß, welch große Kraft ihm innewohnt, wie unendlich seine Fähigkeiten sich lichtvoll für das Ganze einzubringen sind, werden von außen geschürte Ängste nicht mehr so leicht seine Schwingung schwächen können. Wenn der Großteil der Menschheit beginnt, sich an die eigene Kraft zu erinnern und sie auch einzusetzen vermag, wird er von Manipulation und Unterdrückung weitgehend frei sein. Dann lösen sich Überlebensängste auf, denn diese Seelen wissen, dass sie immer zur rechten Zeit am rechten Ort sind. Dass sie entlang des roten Fadens ihres Lebensplanes göttlich geführt werden und deshalb auch nicht mehr kämpfen müssen.

Geliebte Seele, erkenne deinen Wert. Er ist nicht abhängig von Besitz und Vermögen, von Abstammung, Kultur und Bildung. Es ist das Bewusstsein deiner Göttlichen Herkunft, deiner ewigen Verbundenheit mit Gott, die dich so einmalig und wertvoll sein lässt. Für Gott bist du alles – Sein Kind – Sein Licht, das er ausgesandt hat, um zu leuchten, Sein Ausdruck, durch den er sich erfahren möchte.

Erkennst du, wie wertvoll du bist? Lasse die Ängste der Illusion an deinem Lichtfeld des Glaubens abprallen. Wisse, du wirst immer mit Gegensätzlichem konfrontiert sein, denn die Erde untersteht der Dualität. Doch wenn du gelernt hast, die Machenschaften der anderen Seite zu durchschauen, den Frieden in deiner Mitte zu finden, bist du gut aufgehoben. Du erkennst: „Es liegt an dir allein, ob du dich weiterhin von den Ängsten verunsichern lässt oder dir stattdessen sagst: „Ich bin immer zur richtigen Zeit am richtigen Platz."

Das einzusehen, bedurfte sehr wohl einiger Jahre intensiver Bewusstseinsarbeit. Wie kann ich am richtigen Ort sein, wenn zum Beispiel gerade dort mein Haus von einer Unwetterkatastrophe verwüstet wird; wenn zum Beispiel eine neue Nachbarin einzieht und meinen Mann verführt oder wenn ich zum Beispiel meine Arbeit verliere, weil die Firma den Betrieb an diesem Ort dicht macht? Bin ich da wirklich am richtigen Ort?

Meine geistige Führung sagt „JA", mein Mann meistens: „Blödsinn!" Mittlerweile, durch eigene Schicksalsschläge klüger geworden, wissen wir, dass es ein Knoten im roten Faden unserer Lebensplanung ist, der uns zu diesem Zeitpunkt aufgezeigt hat, dass das etwas ist, was wir uns zu erfahren vorgenommen haben. Wenn nie etwas Negatives und Schwieriges in unserem Leben passieren würde, was könnte unsere Seele daraus lernen? Nichts. Wir sind nicht hier, um die Zeit nur mit guten Erfahrungen „abzuleben" und dann zurückzukehren. Wir haben uns viel vorgenommen für dieses Leben. Jeder von uns. Es ist eine spannende Zeit. Es ist das Wassermann-Zeitalter, die Ära der Neuen Energie, in der sich das Weibliche und Männliche wieder in einer neuen Einheit zusammenfinden soll. Und so werden der Reihe nach die Knoten im roten Faden sicht- und spürbar werden, damit der Reihe nach die von uns selbst festgelegten Freuden und Leiden aufgezeigt werden können. So lange, bis kein Knoten mehr zu finden sein wird und der rote Faden, ganz glatt gezogen, Richtung himmlische Heimat weist.

Wir lernen aus jedem Schicksalsschlag, und wenn wir umdenken und die entsprechenden Lehren daraus ziehen, können wir jedes Mal stärker daraus hervorgehen. Wenn man vieles verliert, setzt man neue Prioritäten. Man erkennt, wer wahre Freunde in der Not sind, und wie wenig man wirklich braucht, um zu überleben und glücklich zu sein. Man wird daran erinnert, wie viel unnötigen Ballast man sein ganzes Leben mit sich schleppt. Es wird einem bewusst, dass der Partner/das Kind, eigenständige Seelen mit eigenen Lernprogrammen sind. Ich kann nicht wissen, welche Erfahrungen die Seele meines Mannes, meines Kindes sich vorgenommen haben.

Was ich erkennen muss ist, dass andere mir den Spiegel vorhalten und meine Lehrmeister sind, anstatt darüber zu jammern, wie schlecht doch die Welt ist.

Im eigenen Denken und Handeln aufzuräumen, dazu dienen alle Katastrophen und Schicksalsschläge. Um aufzuwachen, ehe der rote Faden zu Ende geht. Man will ja schließlich in seinem nächsten Leben nicht wieder denselben Schmus durchmachen müssen, den man in dieser Spanne nicht bewältigt hat.

Wir sind immer da, wo wir sein sollen…

Ernst:

Das habe auch ich mittlerweile begriffen, obwohl mir mein Verstand anderes einreden möchte. Mit rationalem Denken ist vieles wirklich nicht immer verständlich, was um einem herum geschieht. Doch habe ich Antwort auf meine Frage: Warum? bekommen. Meine Frau erklärte mir geduldig, ich solle nicht fragen: „warum", sondern lieber: „wozu!" Durch diese Fragestellung würde ich leichter erkennen, weshalb die Dinge geschehen, wie sie geschehen. Dann bekam ich weitere beruhigende Auskunft von oben:

„*Das Universum ist in Aufruhr, weil sich der Einfluss Göttlichen Lichts unaufhaltsam durch die Weiten des Raumes ausbreitet. Diese Schwingung durchdringt und erhebt alles. Nichts gibt es mehr, das diesem Licht ausweichen kann, denn es leuchtet in jede Ecke, erreicht jede Spalte, dringt in jede noch so kleinste Ritze, weil es seinem von Gott vorgegebenem Auftrag folgt. Dadurch wird lichtvolle Energie unaufhörlich zu euch gesandt, damit der Planet Erde als Ganzes und auch die ihn umgebende Wirklichkeit angehoben und durchlichtet werden kann.*

Es ist ein wunderbares Bild, das sich unserer höheren Sichtweise bietet. Kaskaden von leuchtenden Farben,

Formen und Zeichen umspielen euren Planeten und fließen entlang bestimmter Energiebahnen euch zu. Immer mehr Dimensionstore öffnen sich, sodass diese hohen Lichtfrequenzen ihre Bestimmungsorte erreichen können.

Jeder Mensch befindet sich in dieser Zeit des Bewusstseinswandels an genau dem Ort, wo er seiner Seelenbestimmung gemäß sein soll. An diesem Platz werden jedem Körper die Lichtfrequenzen zugeführt, die seinen Aufstieg unterstützen und beschleunigen. Es geschieht, sofern die Seele die Zustimmung dazu gegeben hat, denn nicht jede ist bereit, die erhöhte Frequenz auch anzunehmen. Auf eurem Planet der Gegensätze befinden sich genug Seelen, die es gewählt haben, aufsteigende Seelen vom Weg abzubringen, um sie in der dichten Schwingung von Angst, Krieg, Manipulation und Kritik festzuhalten. Auch sie befinden sich zu dieser Zeit am „richtigen" Ort.

Es ist Teil der Erfahrung jedes Menschen dies bewusst zu erkennen und aus sich heraus die Entscheidung zu treffen, auf welche Seite er sich begeben will. Wählt er das Licht, den Aufstieg, die Erkenntnis des allgemeinen Eins seins, wird das bei ihm zu einer allgemeinen Bewusstseinsveränderung für die geistige Wirklichkeit führen. Das bringt naturgemäß auch körperliche Beschwerden mit sich, weil das dichtere Energiesystem sich den höheren Schwingungen erst anpassen muss.

Es führt auch dazu, dass sich Lebensprioritäten verschieben, sich Unverträglichkeiten gegen bestimmte Lebensmittel einstellen und gänzlich neue Wertigkeiten gesetzt werden. Auch gibt es sehr wohl Tage, wo dieser Göttliche Lichtfluss euch stärker zugeführt wird als zu „normalen" Zeiten. Während dieser Phasen empfehlen wir euch, eure Aktivitäten – wenn möglich – einzuschränken, genau auf euren Körper zu hören und ihm die Ruhe zu geben, die er benötigt, um diese hohen Lichtflüsse verarbeiten zu können. Ein ungewöhnliches und nicht immer leicht zu nennendes Integrieren dieser Neuen Energien in euren Körpern, wie wir sehr wohl wissen.

Unserem Schauen bietet sich dieses Integrieren als wunderschönes Farben- und Formenspiel dar. Könnten eure Augen diese wunderbare Erfahrung sehen, keiner von euch würde je wieder dem Zweifel in seinem Leben Raum geben.

Ergebt euch der Führung eures Hohen Selbst'. Es kennt euren Lebensplan, eure Mission und eure gewählten Erfahrungen. Hört auf eure innere Stimme, die euch durch diese aufgewühlten Zeiten führen kann. Vertraut eurem Herzen und eurem Bauchgefühl, sie drücken diese Göttliche Führung als körperliches Empfinden aus, und vergesst auch nicht auf euer inneres Kind. Liebt es und nehmt es in den Arm. Tröstet es, wenn es traurig und ängstlich ist, denn es zeigt euch eure eigene Verletzlichkeit auf. Liebt euch so, wie ihr seid und wisst, dass Gott sich durch euch in all seiner Herrlichkeit ausdrückt. Anerkennt euer Eins sein mit allem, was dieser Planet beinhaltet und ausdrückt, denn:

Ihr seid ein Klang, eine Farbe, ein Zeichen, eine Form von all dem wunderbaren Spiel der Göttlichen Energien, die durch Raum und Zeit wirbeln, hin zu dem, der sie geschaffen hat. Immer wieder. Immer noch.

Von der Quelle kommend - zur Quelle zurückkehrend.

Ein Licht vom strahlenden Stern der Menschwerdung, das vom Leben und Wirken Gottes Zeugnis ablegt!

So ist es!"

Das mit der Nahrungsunverträglichkeit ist auch so eine Sache, die sich durch das Umdenken ergeben hat. Als meine Frau sich ihrer Spiritualität bewusster wurde, hat sie begonnen, das Fleisch vom Speiseplan zu streichen. Mir hat das nichts ausgemacht, da ich, im Gegensatz zu ihr, ohnehin nie ein großer Fleisch-Liebhaber war. Daran haben wir uns die nächsten zehn Jahre gehalten. Danach waren wir plötzlich wieder in die alten Essensmuster zurückgefallen. Einerseits weil wir bei Familienfeiern als einzige meistens hungrig vom Tisch aufstehen mussten, weil sie in manchen Lokalen nicht recht wussten, was man uns servieren sollte. Mal gab es Spargel, der so faserig war, dass von fünf Stück am Teller nur eines genießbar war oder es gab Gemüselaibchen ohne jegliche Beilagen.

Da haben wir angefangen, uns wieder nach den anderen zu richten! Es ging einige Zeit ganz gut. Unser Körper rebellierte nicht dagegen, und das komische Gefühl im Solarplexus übergingen wir… Dann merkten wir, dass plötzlich nach bestimmten Nahrungsmittel die Haut zu jucken begann, manches Mal wurde uns sogar richtig schlecht und endlich hörten wir auf unsere Seele und begannen nach den Lebensmitteln zu greifen, die für uns bekömmlich waren.

Mittlerweile haben wir das richtige Maß gefunden, ohne das Gefühl zu haben, uns irgendetwas „versagen“ zu müssen.

Bei Barbara

Heidrun:

Jener Mensch, durch den ich am meisten in meinem Umdenken bestärkt wurde, war eine Energetikerin, die ich aufsuchte, um mein Energiefeld zu harmonisieren. Es war einige Jahre, nachdem ich mit dem Umdenken begonnen hatte. Es ist ja nicht so, dass ich von einem Tag zum anderen plötzlich „spirituell erwachte", sondern es geschah in einem Zeitraum von etlichen Jahren. Um genau zu sein begann es 1994 mit jenem Seminar, wo ich mir das Rauchen abgewöhnte. Ich habe dies im Buch „Memos von ganz oben", Eliasverlag, auf heitere Art beschrieben.

Danach kam ein Puzzle zum anderen. Ich machte natürlich auch viele Fehler! Den größten, indem ich mich viel zu sehr nur auf eine Person einließ, deren Einfluss auf mich im Laufe der Jahre immer größer wurde. Doch das war mein eigener Fehler, denn ich hätte es ja nicht zulassen müssen. Dass ich nicht viel früher unter diese „Freundschaft" einen Schlussstrich gezogen habe, hatte mit meinen Lernerfahrungen zu tun. Was einem andere sagen, glaubt man nicht so einfach. Man muss selbst die Erfahrung machen, um beurteilen zu können, ob einem jemand gut tut oder nicht. Heute ist dies kein Problem mehr für mich, denn inzwischen höre ich auf mein Bauchgefühl. Außerdem hat sich durch die Jahre hindurch bei mir die Erkenntnis festgesetzt, dass ich niemand anderen benötige, um meinem Leben die Richtung zu geben, die ich mir vorgenommen habe.

Ich bin allerdings dankbar, wenn mich heute jemand wie Barbara darauf aufmerksam macht, dass „Großes" aus mir strömen will, und ich es mit meiner Sturheit blockiere. Es kann aber auch die einfache Tatsache sein, dass ich viel zu wenig Wasser trinke, wodurch blockierte Energien aus meinem Körper nicht so abfließen können, wie das der Fall sein sollte. Ich arbeite schließlich täglich mehr oder weniger an meinem Neuen Denken. Es ist nur natürlich, wenn sich dadurch vieles an Blockaden löst. Wenn ich vergesse, dass ich meinen Körper durch das Wassertrinken beim Ausleiten unterstützen kann, bekomme ich Schwierigkeiten. Denn die Inspiration der geistigen Helfer fließen in einem blockierten Körper nicht so ein, wie sie könnten. Doch darauf lege ich den allergrößten Wert. Schließlich funktioniert das Schreiben bei mir nur mithilfe der Engel und all der geistigen Helfer, die mich als Dolmetscher benützen.

Die Stunden, an denen Energiearbeit an mir durchgeführt wird, sind immer Sternstunden für mich. Wenn auch anfangs all das besprochen wird, was mir in der Zwischenzeit zuwider gelaufen ist, so kommen doch gegen Ende der Energiearbeit oftmals wunderbare Durchsagen für mich herein, für die Barbara ein wundervoller, reiner Kanal ist. Wenn sie mit ihren Händen über meinen Körper, ohne ihn zu berühren, streicht, dann kommen Themen hoch, von denen ich glaubte, sie längst schon erledigt zu haben. Wie oft haben mein Mann und ich in den vergangenen Jahren am Vergeben gearbeitet. Wir schrieben ellenlange Briefe, in denen wir bestimmten Personen verziehen, was sie uns angetan hatten einschließlich uns selbst, was wir ihnen angetan hatten. Es musste ja nicht in diesem Leben gewesen sein, man hat ja schon einiges „mitgebracht“. Diese Briefe haben wir dann feierlich verbrannt und die Engel gebeten, diese Energien zu transformieren. Man glaubt gar nicht, wie viele Personen im Bewusstsein auftauchen, wenn man mit dieser Arbeit zur Seelenerleichterung und -heilung beginnt. Nach dem Motto: „Ich verzeihe dir, damit es mir gutgeht!“

Bei der Energiearbeit, so man sie nicht nach den ersten Malen schon aufgibt, kommt immer mehr hoch. Wenn ich mein Alter bedenke und daran, wie spät ich erst mit dem Umdenken angefangen habe, wundert es mich nicht, dass ich immer wieder und immer noch die Dienste einer Energetikerin in Anspruch nehme. Da hat sich in all den Jahren so vieles über meine Seele gelegt, das nicht in ein paar Stunden aufgearbeitet werden kann.

Das ist wie mit dem Übergewicht. Das isst man sich ja auch nicht in ein paar Wochen an, allerdings hätte man es gerne in ein paar Wochen wieder weg. Doch nichts da! Mit dem seelischen Aufarbeiten ist es genau gleich. Dem Schälen einer Zwiebel ähnlich, kann immer nur ein Stück nach dem anderen hochkommen und „bearbeitet“ werden. Man glaubt nicht, wie viel Müll sich da in einem Leben ansammelt. Das meiste verdrängen wir und glauben, damit hat es sich. Dem ist nicht so. Es genügen Worte, Düfte, Klänge, Bilder oder Handlungen, die Verdrängtes plötzlich hochkommen lassen und dann ist es höchste Zeit, es anzuschauen, zu verzeihen und loszulassen.

Natürlich bekommt man diese Art der Behandlung nicht von der Krankenkasse verschrieben, obwohl ich der Meinung bin, sie würde den Versicherungsanstalten unendlich viel Kostenersparnis bringen, wenn die Menschen sich mehr mit ihrer Seele beschäftigen würden. Jedes Problem, jede Krankheit war zuerst einmal im Energiefeld des Betreffenden, ehe es, wegen ständiger Nichtbeachtung, sich im Körperlichen manifestierte. Aber auch dann noch kann Energiearbeit die Schulmedizin unterstützen und tolle Ergebnisse bringen, weil in diesem Fall nicht nur die Wirkung, sondern auch die Ursache miteinbezogen wird. Körper – Geist und Seele können nicht getrennt voneinander behandelt werden, sollte ein dauerhafter Erfolg sichtbar werden.

Anfangs bestand die Gefahr, dass ich mich zu sehr darauf verließ, was die Engel mir durch Barbara sagten. Es waren aber auch zu schöne Worte. Von einem zum anderen Mal freute ich mich auf die zwei Stunden bei ihr, wie ein Kind, das auf das Christkind wartet. Was würden sie dieses Mal sagen? Was an neuen Inspirationen in mein

Bewusstsein einfließen? Welche neuen Ideen würden anschließend zuhause beim Schreiben in meinem Kopf auftauchen? Oh, es war und ist jedes Mal ein Erlebnis.

Wenn Barbara Durchsagen von ihrem Engel bekommt, verändern sich ihre Augen. Sie hält ihre Hände dabei weiterhin über meinem Körper, gibt Antwort, wenn ich sie etwas frage und hört dabei doch gleichzeitig, was ihr Engel ihr sagt. Eine der vielen Durchsagen für mich lautete:

„Deine Aufgabe ist es, Leuchtturm zu sein. Herzen durch Worte zu öffnen. Heilen durch geschriebene Worte. Die Liebe zur Menschheit ist dir ins Herz gelegt. Liebe auch dich selbst und erkenne die Liebe, die du bist. Gehe in die Öffentlichkeit und sprich über das, was dein Herz so übervoll sein lässt. Arbeite mit den besonderen Karten, die du von den Engeln bekommen hast. Lege sie jenen Menschen, die zu dir kommen und hilf ihnen damit, ihren Weg des Lichts zu gehen.

Zeige ihnen ihre Stärken auf und motiviere sie, zu ihrer Bestimmung zu stehen. Du weißt, dass für jeden dann die Botschaft da ist, die der Betreffende in diesem Moment benötigt, um seine Mission anzunehmen. Dein Reichtum an Liebe und Licht wird durch das Teilen mit anderen noch größer und ist für die Jetzt-Zeit notwendiger denn je. Öffne deinen Kanal und dein Herz in Liebe und Freude, denn es ist, es ist, es ist!!

Natürlich blieb es nicht aus, dass auch mein Mann die Dienste von Barbara in Anspruch nahm. Zwar nicht in dem Ausmaß wie ich es tat, aber doch so, dass sich gravierende Blockaden lösen konnten.

Ernst:

Da mein Vater bereits in jungen Jahren im Krieg ums Leben kam, wuchs ich in dem Wissen heran, Beschützer für meine Mutter und Schwester zu sein. Auch als selbstständiger Geschäftsmann war ich jahrzehntelang eingebunden in der Verantwortung und Fürsorge für Familie und Mitarbeiter.

Einige Jahre hindurch war die Jagd ein Ausgleich für mein von Arbeit geprägtes Leben. In dieser Zeit widerfuhren mir schöne Erlebnisse, die mir die Natur offenbarte, aber es war auch eine Tatsache, dass durch meine Hand Tiere den Tod fanden.

Ein einschneidendes Erlebnis rund um meinem fünfzigsten Geburtstag bewog mich, die Jagd vollends aufzugeben. Ich hatte ohnehin schon seit längerem das Gefühl, dass mir Jäger zu sein keine Freude mehr bereitete, und so gab ich leichten Herzens alle meine Gewehre aus dem Haus. Ich hätte nie im Leben gedacht, dass diese Zeit so eine prägende Energie in meinem Lichtfeld hinterlassen hat.

Jahre danach – als auch ich Barbaras Hilfe beanspruchte, musste ich erkennen, dass die Energien dieser

Erlebnisse noch immer da waren. Sie hatten sich in meinen Händen manifestiert. Barbara musste sie Stück für Stück aus meinem Energiefeld entfernen. Dies war wiederum ein nachhaltiges Erlebnis für mich. Es war ein Teil meines Lebens, der jetzt gehen durfte. Durch die Energiearbeit wurden die Schattenseiten des Jagdlebens aus meinem Energiefeld herausgelöst, und ich konnte Frieden schließen mit der Kreatur, die durch mich umgekommen war.

Ich habe rechtzeitig erkannt, dass sich etwas in meinem Leben ändern musste, wollte ich ein rundum glücklicher Mensch sein. Einer, der die Schöpfung mit ganz anderen Augen nun sieht, und der seine Bestimmung im Malen von Seelenbildern gefunden hat.

Heute schaffen meine Hände strahlende Bilder, weil Gott meine Hände dabei führt! Dafür danke ich von ganzem Herzen!

Die Botschaften meiner Krankheiten

Heidrun:

Dieser kreative Reichtum in mir, zeigte sich erst nach Beendigung jener Frauen-Freundschaft, die ich kurz nach dem Mentaltraining kennengelernt hatte. Anfangs große Begeisterung. Glaubte ich doch, in ihr eine Freundin gefunden zu haben, die meinem spirituellen Wachstum auf die Sprünge helfen könnte. Ich bewunderte sie, weil sie anscheinend den direkten Draht nach oben zu haben schien. Das war etwas, was ich so gerne auch haben wollte. Ich spürte immer schon den Drang nach dem Übersinnlichen in mir.

Schon meine Mutter war in ihren jungen Jahren eine begnadete Kartenlegerin gewesen. Ich bedauere zutiefst, dass ich nicht schon zu ihren Lebzeiten mein Interesse daran bekundet habe. Doch anscheinend habe ich ihre Gabe doch geerbt oder sie unterstützt mich aus dem Geistigen, denn mit den mir von den Engeln durchgegebenen Karten kann ich vielen Hilfesuchenden ihren spirituellen Weg aufzeigen. Die Dankschreiben beweisen, dass die Engel mir durch die Karten immer das Richtige aufzeigen. Dafür bin ich ihnen sehr, sehr dankbar!

Der Tod meiner Mutter war ein gravierender Einschnitt in meinem Leben. Ich lag danach viele Wochen lang im

Krankenhaus, nachdem höllische Gallenkoliken zuerst als Magenschmerzen diagnostiziert wurden, ehe der Gallenverschluss festgestellt und ich operiert wurde. Ich war damals 40 Jahre alt. Da hat langsam ein Umdenken begonnen, aber ich war noch nicht so weit, um wirklich tief in meine Seele zu schauen. Mich endlich zu fragen: „Was will ich? Bin ich glücklich?"

Dabei hatte ich damals bereits Besuch von einer Liebesenergie, die ich heute noch in mir spüre. Ich sehe und fühle noch nach 30 Jahren das Erlebte auf der Intensivstation. Man hatte nach der schweren Operation große Sorge um mein Überleben. Ich wurde auf der Intensivstation in der Nacht zweimal hellwach und sah eine Schwester, die über mich gebeugt liebevolle Worte gesprochen hatte. Eine junge Frau mit goldblonden Haaren und einem überirdisch schönen, fast kindhaften Gesicht. Ich habe nie zuvor und nie mehr danach so ein schönes Gesicht voller Liebe und Frieden gesehen, wie damals. Ich bin mir absolut sicher, nicht geträumt zu haben, denn einen Traum hätte ich in all den Jahren vergessen. So aber steht diese Begegnung vor mir, als ob sie erst gestern passiert wäre.

Auf meine spätere Nachfrage, wer denn die schöne Krankenschwester sei, die in jener Nacht Dienst getan hätte, sagte man mir, es sei Schwester Ingrid gewesen. Eine Schwester, um die fünfzig mit dunklen Haaren, die mir später beteuerte, sie hätte große Angst gehabt, dass ich diese Nacht nicht überleben würde. Doch an diese

Schwester hatte ich keine Erinnerung, nur an jene Frau mit dem lieblichen Gesicht…

Während des Schreibens am Buch „An Maria im Himmel – Postlagernd“, erhielt ich in einem Channeling Antwort auf meine Vermutung: Ja, Maria war es, deren Energie damals im Krankenhaus bei mir war, um mich mit ihrer Liebe und Kraft zu stärken, damit ich meiner Lebensbestimmung nachkommen könne. Es wäre für mich zu früh gewesen, in das Licht zu wechseln. Ich weiß heute, dass es nicht so weit gekommen wäre, wenn ich verstanden hätte, was ich mir wegen der unnötigen Schuldgefühle, die ich beim Tod meiner Mutter hatte, eingehandelt habe.

Ich habe in diesen Jahren etliche Krankheiten und Operationen hinter mich gebracht, die ich mir durch diese Lebens- und Denkweise herangezogen habe. Erst durch die spätere Energiearbeit mit Barbara habe ich erkannt, welche Botschaften meine Krankheiten für mich hatten.

Die Gallenoperation hatte mit Wut, Zorn, Traurigkeit zu tun, die ich gegen mich selber gerichtet habe. Es waren furchtbare Schuldgefühle, weil ich nicht auf der Stelle losgefahren bin, als der Anruf kam, dass es mit Mutter zu Ende gehe. Ich habe noch das Geschirr fertig abgewaschen! Wie ich dann angekommen bin, war sie wenige Minuten zuvor gestorben. Nur Tage danach haben die Gallenkoliken begonnen, die ich wochenlang durchlitten habe, bis es zum Verschluss gekommen ist.

Da habe ich mich von Schuldgefühlen niederdrücken lassen, wurde von ihnen beherrscht, wie ich immer zugelassen habe, von anderen beherrscht zu werden.

Dann wurde mir am Stimmband ein Knoten entfernt. Das hätte mir aufzeigen sollen, dass ich meine eigenen Bedürfnisse immer unterdrücke, sie nicht ausspreche, alles runterschlucke, anstatt mich mitzuteilen. Steht doch der Hals für den eigenen Ausdruck! Hört mir auch einmal zu!

Man fühlt sich in einem zu engen Muster gefangen, will ausbrechen, getraut sich aber nicht. Man zeigt sich nicht so, wie man sich innerlich fühlt. Mit einer solchen Einstellung zieht man nur weitere Situationen ins Leben, die einem verdeutlichen, dass es höchste Zeit ist, auf die innere Stimme zu hören und nicht auf das Ego, das in der Außenwelt nach Selbstbestätigung sucht. Situationen, die mir dies aufzeigten, gab es immer wieder, und immer wieder ging ich trotzdem mit Scheuklappen und Kopfhörern durchs Leben. Wollte nichts erkennen oder konnte es zu diesem Zeitpunkt noch nicht, weil ich mich zu sehr über den Verstand, anstatt über das Herz ausdrückte.

Die Operation - grauer Star -, zeigte mir auf, was ich nicht sehen wollte. Das Gefühl von Machtlosigkeit zu verspüren, nicht wirklich sein Leben selbst im Griff zu haben, seine Bedürfnisse nicht so ausdrücken zu können, wie man es gerne tun würde. Man sieht manches zu düster und steckt auch oft den Kopf in den Sand, wie ein Vogel Strauß, anstatt den ganzen Raum in Beschlag zu nehmen. Man will nicht erkennen, dass das Leben das Schönste bieten kann, wenn man nur beginnen würde, sein Leben selbstbewusster zu gestalten.

Den Tinnitus habe ich mir eingehandelt, weil ich die ganzen Signale nicht beachtet habe. Weil ich mich viel zu lange in eine ungesunde Gedankenwelt eingeschlossen habe. Falscher Stolz spielt da genauso mit wie innere Leere, Ängste und die Tatsache, nicht ehrlich zu meinem tiefsten Selbst zu sein. Man baut einen Widerstand auf, glaubt ohnehin alles am besten zu wissen und verschließt sich vor den Unterschiedlichkeiten der Menschen und des Lebens an sich.

Die Unterleibsoperation, in relativ jungen Jahren - weil ich keine Zeit hatte, wirklich als Frau zu agieren. Ich funktionierte im Berufsleben, das vorrangig mein Leben beherrschte. Ich habe mich leben lassen. Mir war nicht bewusst, dass ich den Kontakt zu meiner Basis, zu meinem tiefsten Ich verloren hatte. Habe meinem inneren Kind nicht die Zuwendung gegeben, den es gebraucht hätte. Ich habe allen anderen gegeben, was sie von mir erwarteten, verlangten und habe auf mich selbst vergessen. Heute weiß ich, dass ich zuerst mich selbst mit meiner Einzigartigkeit annehmen muss, damit reine freudvolle Schöpfungskräfte aus dem Tiefen meines Seins geboren werden können.

Erst bei der Lunge habe ich anfangen müssen, mich mit mir selbst zu befassen. Diese Geschichte hat mich aufgeweckt, mich durchgebeutelt, mich mit der Endlichkeit meines Lebens konfrontiert…

Beim Erzengel Michael in Kroatien

Ernst:

Ich wollte meiner Frau eine Freude machen und habe zugesagt, sie auf ein Seminar zu begleiten, das in Kroatien stattfinden sollte. Sie war vor Freude ganz aus dem Häuschen und ich dachte mir, schau dir halt so etwas einmal aus der Nähe an. Nachdem sie von den diversen Seminaren und Workshops, die sie mit ihrer Freundin besuchte, jedes Mal so begeistert war, dachte ich mir, das will ich mir auch gönnen.

Konnte natürlich nicht ahnen, dass ihre Freundin das sofort zum Anlass nahm, ebenfalls zu buchen und mitzukommen. Wir durften mit ihr fahren! Ich auf der Rückbank und die beiden Frauen vorne. Von wegen gemütlich mit meiner Frau eine Woche verbringen…

Doch man will als Mann ja nicht so sein, und wenn Heidrun sich doch so freut. Ich für meinen Teil hätte es mir sparen können und sollen!

Jeden Vor- und Nachmittag reden, reden, reden. Die Vortragende war eine Amerikanerin, die die Energie von Erzengel Michael verkörperte. Mit einigem, was sie sagte, konnte ich mich identifizieren, mit manchen wiederum gar nicht. Aber das ist ja meine Sache. Was mir überhaupt nicht gefallen hat, war die Unterkunft. Aufgrund von Wassermangel musste man sich beim Duschen in einen Plastikkorb stellen, um darin das Wasser aufzufangen, welches ich dann vom 2.Stock hinuntertragen durfte, um damit den Garten und die Blumen zu gießen. Ich kann mir nicht vorstellen, dass dem Gemüse der Seifenschaum gut bekommen ist! Anstatt mit meiner Frau spazieren zu gehen, um unsere Zweisamkeit zu genießen, musste sie mithelfen, Geschirr abzuwaschen, Tische zu decken und so weiter. Und das alles zu einem Preis von einem 4-Sterne Hotel. Ich war schon nach kurzer Zeit „kuriert!“ Bin seither auch nie mehr zu „so etwas“ mitgefahren.

Der Aufenthalt dort, die Gespräche, die Vorträge, sie haben meine Erwartungen nicht erfüllen können, die ich an sie gestellt habe. Meine Frau war zu diesem Zeitpunkt noch nicht bereit, all das mit kritischeren Augen zu sehen. Sie ließ sich zu sehr vom Gefühl leiten, das, so war mein Eindruck, von ihrer Freundin nach Möglichkeit gesteuert wurde. Meinen Argumenten jedenfalls war Heidrun nicht zugänglich und so ließ ich zu, dass alles so lief und weiterging, wie es geschehen ist. Ich war enttäuscht und es war schade um das viele Geld, zumal wir kaum Gelegenheiten hatten, ganz für uns zu sein. Ständig drängte sich ihre Freundin dazu, und ich in meiner Gutmütigkeit ließ es geschehen…

Eine verhängnisvolle Freundschaft

Heidrun:

Jene Freundin, die ich für ihre Engelsverbindung bewunderte, wurde zu einem Prüfstein für mein weiteres Leben. Mein Selbstbewusstsein war mir schon in meiner Kindheit abhandengekommen, und sie förderte mein mangelndes Selbstvertrauen wie es für sie zum Besten war. Ich ließ es zu, wie ich all die Jahrzehnte zuvor zugelassen hatte, dass andere über mich bestimmen durften. Ich bin harmoniesüchtig. Das hat dazu beigetragen, dass ich immer nachgegeben habe, nirgends anecken wollte und schon gar nicht jemanden in seine Schranken weisen konnte. Dass dies zu meinem Lernprozess gehörte, erkannte ich leider erst viel zu spät. Da hatte jene besagte Freundin schon viel zu sehr Macht über mich. Ich war in eine neue Abhängigkeit geraten. Eine, die ich selbst heraufbeschworen habe.

Sie ging bei uns ein und aus. Unser Familienleben spielte sich nur mehr während der Geschäftszeiten ab, bedingt durch die Selbstständigkeit, wo wir Tag für Tag aufs Engste miteinander zu tun hatten. Dass ich mich an freien Wochenenden von ihr zu „Weiterbildungen" verleiten ließ, ist etwas, was ich heute nicht mehr verstehen kann. War ich so blind oder wurde ich von ihr in einer

Energie „festgehalten“, die nichts mit lichtvollem Weiterkommen zu tun hatte?

Ich weiß heute, dass meine kreative und konstruktive Energie sie unterstützte, um mit den Widrigkeiten ihres Lebens besser zurande zu kommen. Sie verstand es meisterlich mich klein zu halten, meine Kreativität zu unterdrücken, und mich trotzdem in den Glauben zu lassen, nur sie könne mir helfen, eine Lichtgestalt zu werden. Es war diese Abhängigkeit, die mich durch meine Erlebnisse in der Kindheit und Jugend prägten, und die es so lange nicht zuließen, dass ich das, was ich in mir fühlte, bereit war umzusetzen.

Sie hat mir im Laufe der Jahre das Gefühl vermittelt, ohne sie geht es nicht. Sie hat mich spüren lassen, dass ich keinen Selbstwert habe und den geringen, den ich noch besaß, auch noch untergraben. So bin ich jahrelang in dem Glauben geblieben, dass andere wertvoller sind als ich, mehr können als ich, schöner, besser sind als ich und was es sonst noch alles an falscher Denkweise gibt. Ich habe zu ihr aufgeschaut und ihren Charakter nicht sehen wollen.

Wieder habe ich nicht mein Leben gelebt, sondern mich benutzen lassen

Meine Atembeschwerden, eine Familienlast, erschwerten zusehends mein Leben, wurden immer stärker, was kein Wunder war, denn mir wurde durch diese „Freundin“ die Luft zum Atmen genommen. Schließlich finden sich in meiner Familie Asthma, Lungenkrankheiten und Bronchienprobleme zuhauf!

Ich sage es so deutlich, weil es ist, wie es ist. Und weil sich viele Leser/Innen in meiner Lebensgeschichte widerfinden werden.

Ich weiß heute, dass mein Mann immer schon bereit gewesen wäre, meine Wünsche nach mehr Freiheit und Selbstbestimmung zu unterstützen. Er tat es nicht, weil ich sie nie geäußert habe. Er konnte nicht wissen, was meine Sehnsüchte waren, weil ich nicht darüber gesprochen habe. In der Meinung, wenn ich Harmonie um mich herum haben will, muss ich meine Bedürfnisse hintanstellen, muss ich zu allem Ja und Amen sagen, muss mich für andere aufopfern, weil ich nur so die Liebe, Anerkennung und Wertschätzung verdiene, die ich haben wollte.

Wie falsch doch mein Denken war! Wie viel Krankheiten und Beschwerden im körperlichen und im emotionalen Bereich ich mir dadurch unnötigerweise eingehandelt habe.

Für andere war das, was ich tat, selbstverständlich und für mich war die Situation eine, die mich verletzte. Die ich aber hinnahm, ohne darüber zu sprechen. Und so konnte sich Jahr für Jahr immer mehr an emotionalem Müll über mein Herz, über meine Seele und letztendlich auch über meine Organe legen. Und dies alles nur, weil ich mich nicht so mitteilte, wie ich es hätte tun sollen. So habe ich kein Gefühl gehabt und nicht entwickeln können, was mein Körper braucht. Meine Ex-Freundin hat im Laufe der Zeit meine wachsende Stärke und mein Wissen benutzt. Sie hat meine Schwäche gnadenlos ausgenutzt, wodurch sie stärker wurde und ich immer in der Abhängigkeit gehalten wurde.

Das sollte mir aufzeigen, dass ich nicht zu mir stehe und mich vereinnahmen und dominieren lasse, statt auf mein Herz zu hören.

Ich hatte, wie schon erwähnt, eine ganze Reihe spiritueller Seminare mit meiner Freundin besucht. In bleibender Erinnerung wird mir das nachmittägliche Treffen mit einem schwedischen Medium bleiben. Am 4. 4. 2004 fuhr ich mit meiner Freundin an den Chiemsee, wo der Vortrag stattfand. Er hatte zum Thema: „Welches ist mein nächster Schritt?“ Das wollten nicht nur wir beide wissen, sondern auch gut 150 weitere Personen. Ich war echt aufgeregt, denn ich hatte von diesem weiblichen Medium schon viel gehört und sogar eine Fernausbildung gemacht, die sie anbot. Nun würde ich sie also direkt zu Gesicht bekommen. Sie hielt den Vortrag in Englisch und ein junger Mann übersetzte. Das Medium war ein wunderbarer Kanal für die Durchsagen, die ihr vom Höheren Licht-Kommando durchgegeben wurden. Ich saß mit meiner Freundin in der ersten Reihe. Wäre ich allein zu diesem Vortrag angereist, hätte ich sicher in einer der hinteren Sitzreihen Platz genommen, Sie wissen schon, mein mangelndes Selbstbewusstsein. Doch die Freundin zog mich mit einer Selbstverständlichkeit auf den Sitz direkt vor dem Medium. Es war sehr angenehm, ihren Blick auf mir spüren zu können.

Im ganzen Raum breitete sich eine Energie des Friedens aus, während das Medium mit einem Lächeln auf den Lippen ruhig abwartete, bis auch der letzte Besucher sich auf das Bevorstehende eingestellt hatte. Eine Figur zu ihrer Seite, gekleidet in das Gewand eines Raumfahrtkommandanten, machte großen Eindruck auf mich. Nach einer einführenden Meditation erzählte das Medium aus ihrem Leben, das sich in vielem nicht von dem eines normalen Lebens unterschied. Im Gegenteil. Gerade solche herausragende Persönlichkeiten haben zumeist ganz schwierige Lebenslektionen zu bewältigen, ehe sie bereit sind, ihre Gabe voll und ganz auszuleben und sich Göttlicher Führung hinzugeben. Bei dieser Frau war es nicht anders.

Vom Vortrag selbst ist mir nicht viel im Gedächtnis geblieben, weil mich die nachfolgende Frage- und Antwortstunde einfach umgehauen hat. Wer Fragen hatte, durfte sie stellen und das Medium channelte die Antworten des Lichtkommandos. Natürlich hatte auch meine Freundin eine Frage, doch über die Antwort war sie nicht sehr erfreut, denn sie entsprach ganz und gar nicht ihrer Erwartungshaltung. Ihr wurde durch das Medium ein Spiegel vorgehalten, dessen Aussage ich im Innersten vollinhaltlich bestätigen konnte, die sie jedoch nicht so direkt hören wollte. Im Anschluss daran stellte ich meine Frage und bekam zu hören, dass mein Gefühl richtig sei. Ich sollte jedoch lernen, nicht alles rational zu sehen und zu bewerten. Schon wollte sie sich einer anderen Fragenden zuwenden, da platzte ich mit meiner zweiten Frage heraus. Ich fragte, was meine Berufung in diesem Leben sei und meinte:

„Ist es das, was ich denke oder etwas anderes?"

Lautes Gelächter. Einschließlich der beiden Personen auf dem Podium. Ich bekam einen roten Kopf, lachte aber herzlich mit, denn jetzt wurde mir erst klar, worüber sich der ganze Saal amüsierte. Da erzählte sie mir kurz zuvor, dass ich mein Kontrolldenken aufgeben sollte und dann formuliere ich meine Frage so…

Nachdem sich das Ganze beruhigt hatte, fragte sie mich, was es sei, das ich am liebsten tue. Ich antwortete wie aus der Pistole geschossen: „Schreiben. Bücher schreiben." Sie lächelte unglaublich fein. Dann nickte sie und sagte: „Yes, that's it!" Und dann channelte sie auf unglaubliche Weise, indem sie mich ständig mit „My Sweetheart" titulierte, (was sie zuvor bei niemanden tat und auch danach nicht mehr), dass ich noch sehr viele Bücher schreiben und auch viel reisen werde. Meine Freundin daneben bekam einen hysterischen Lachanfall, da sie wusste, dass ich überhaupt nicht gerne reise, doch das störte mich nicht. In mir jubilierte alles. Schreiben! Ja, das ist es! Wenn sogar das Höhere Lichtkommando das bestätigt, kann es nur so sein. In diesem Moment, glaube ich, hat mich eine Energie erfüllt, die heute noch nachwirkt. Sie hat mit Vertrauen zu tun, für das, was ich aus Freude und ganzem Herzen tue – schreiben. Ich war sehr dankbar und das Gelächter aller von vorhin störte mich nicht im Geringsten, denn während das Medium meine Botschaften channelte, war es mucksmäuschenstill im Saal gewesen.

Bald darauf endete die Veranstaltung und wir machten uns auf dem Weg nach Hause. Die stundenlange Autofahrt ging ohne besondere Konversation vor sich. Ein seltenes Wunder, denn ansonsten war es meine Freundin, die sich lang und breit über Themen ausbreiten konnte, für die sie meistens Lob bekam. Nicht so dieses Mal. Da war es umgekehrt. Mir wurde aufgezeigt, was das Leben Schönes für mich bereithalten würde, wenn…ja wenn…

Wenn nicht ein Jahr später der größte Schock meines Lebens - in Form einer Diagnose - mein Vertrauen in Gottes Führung auf die größte Probe gestellt hätte. Zuvor habe ich immer wieder zu Gott gebetet, er möge doch helfen, diese Freundschaft, die immer mehr zu einer Belastung für mich geworden war, zum Wohle beider aufzulösen. Ich habe aber vergessen darum zu bitten, dass es auf humane Art und Weise geschehen möge. Die Göttliche Führung ist meinem Wunsch nachgekommen, allerdings auf eine völlig andere Art als ich es wollte. Sie hat mir mit dem Hammer auf den Kopf geschlagen, denn all die zarten Hinweise zuvor, habe ich ja ignoriert.

Die Schock-Diagnose

Heidrun:

Nach einer Gesunden-Untersuchung 2005 wurde bei mir Lungenkrebs diagnostiziert. Sie können sich vorstellen, welche Ängste und Verzweiflung diese Aussage bei mir ausgelöst hat. Bei dem roten Faden meiner Familiengeschichte! Ich war am Boden zerstört. Ich wollte doch noch so viel umsetzen, ich wollte immer schon schreiben – ich habe doch noch nicht wirklich erkannt, was der Sinn meines Lebens war und dann sollte es auch schon vorbei sein?

Doch dadurch habe ich endlich angefangen, mich mit meiner Seele zu beschäftigen und die Hilfe einer Energetikerin in Anspruch genommen.

Ich habe in Barbara eine Energie-Therapeutin kennengelernt, deren fachliche und menschliche Kompetenz ohne Zweifel ist. Es gibt zwar heutzutage auf diesem Gebiet viel Auswahl, doch muss man sehr darauf achten, wem man in sein Energiefeld „einlädt." Hat man jemanden, so wie ich Frau Ljubi gefunden, dann kann sich das Leben für einen ganz schön verändern. Man muss natürlich bereit sein, Selbstverantwortung zu übernehmen und nicht gleich nach den ersten Behandlungen aufhören, wenn es einem besser geht. Denn um in die Tiefe zu kommen, um herauszufinden, wann diese Kränkungen, Verletzungen, Gedankenmuster geschehen sind, die oftmals tief versteckt im Unterbewusstsein lauern, muss man wie beim Zwiebelschälen vorgehen und Schale für Schale ablösen. Das ist auch bei mir so geschehen.

Im Zuge der energetischen Aufarbeitung wurde ich immer stärker und stabiler und hatte die Kraft, die unselige Freundschaft, die mich schon so lange belastete, zu beenden. Ich ging nach der schicksalshaften Diagnose durch eine emotionale Hölle, wie mir jeder bestätigen kann, der einmal so etwas durchmachen musste. Die Behandlungen bei Barbara taten mir gut. Trotzdem zweifelte ich, dass sich die Botschaft des schwedischen Mediums für mich noch so zeigen würde, wie sie es ein Jahr zuvor gesagt hatte. Von wegen noch viele Bücher schreiben und viel reisen…

Es genügte ein Anruf vom Krankenhaus, warum ich noch immer überlege und nicht zur Operation komme, um mich ins tiefste emotionale Elend zu stürzen. Da reden die Engel davon, sie würden an meiner Großartigkeit arbeiten und dann lassen sie zu, dass so etwas über mich hereinbricht, weinte ich oft genug. In diesen Momenten fehlte mir immer wieder die Kraft, mich aus dem menschlichen Jammerdenken herauszuhalten.

Durch die konsequenten Energiebehandlungen mit Barbara habe ich angefangen meine Göttliche Verbindung wieder mehr zu spüren. Ich bin immer selbstbewusster geworden, bin endlich dahin gekommen, ich selbst zu sein. Die Freiheit zu spüren, ohne Abhängigkeit und ohne Fremdbestimmung zu leben – das war einfach ein wunderschönes Gefühl.

Barbara Ljubi ist eine Energetikerin, die mit den Engeln arbeitet. Sie sagte mir gleich, sie spüre keinen Krebs sondern eine Entzündung im Körper. Ich wollte ihr so gerne glauben, aber die Angst war stärker. Ich habe dieser Botschaft nicht vertraut. Und Barbara war einfühlsam genug, mich in allem zu bestärken was mir half, meine Angst abzulegen. Sie verstand, dass ich durch die Vorgeschichte meiner Familie nicht so schnell glauben könne, keinen Krebs zu haben. So begann sie meinen Energie-Haushalt zu stärken, damit ich gefasster zur Operation gehen konnte. Ich teilte den Ärzten, die schon den Operationstermin festgelegt hatten, mit, dass ich zuvor in meinem Leben Ordnung schaffen möchte. Wenn ich nicht die Ursache dessen beseitige, was sich in meiner Lunge zeige, würde sich die Auswirkung früher oder später neuerlich als Krankheit in meinem Körper zeigen. Es war ein wochenlanges Auf und Ab.

Nach Barbaras Behandlungen fühlte ich mich wundervoll und hätte Bäume ausreißen können, doch die ständige Nachfrage aus dem Krankenhaus, wann ich denn nun endlich komme, warf mich jedes Mal wieder in ein tiefes Loch zurück. Als sich die Operation nicht länger hinauszögern ließ, gab ich nach und ging ins Spital. Dank der hervorragenden Arbeit meiner Energetikerin überstand ich die Operation in bester Verfassung und konnte bereits vier Tage danach das Krankenhaus wieder verlassen. Gesund! Denn es hat sich herausgestellt: Es war kein Krebs! Ja, es ist, wie es ist! (Nachzulesen: „Ich sage dir …“ Botschaften und Bilder aus dem Lichtreich, Eliasverlag).

Danach ist meine Kreativität förmlich explodiert. Sie war ja immer schon da, doch wurde sie all die Jahre hindurch von der Ex-Freundin unterdrückt. Nun war endlich der Stoppel rausgezogen und durch die Arbeit mit Barbara wurde mein Schreibkanal geöffnet und meine Göttliche Verbindung intensiviert. Ich bekam immer mehr Botschaften durchgegeben, immer mehr Inspirationen zum Schreiben.

Mittlerweile sind es viele Bücher, die bereits am Markt sind. In meinem Buch „ARTINUS-Rückkehr zur Wahrheit“ Eliasverlag, beschreibe ich die Botschaften, die die Naturgeister für uns haben und auch meine Visionen an den heiligen Quellen, wie auch den zum Teil höchst beschwerlichen Weg, sie zu erreichen. Doch es hat sich gelohnt. Mir wurde aufgezeigt, welche Quellen bereits die Energien der Neuen Zeit mit sich führen. Ich durfte das Wasser in Flaschen abfüllen, in das der Naturengel Artinus noch zusätzliche Lichtschwingungen einfließen ließ, die daraufhin in Salzkristalle gespeichert wurden, damit beim Verschicken der Heilquellen-Kristalle keine Fremdenergien aufgenommen werden können, wie dies beim

Wasser der Fall sein kann. In diesen Heilquellen-Kristallen sind die Energien/Informationen von zwölf Heilquellen gespeichert, die durch geistigen Auftrag zum Vorteil von Körper, Geist und Seele sind. Die feinstofflichen Lichtschwingungen von Artinus unterstützen Seelenheilung und Herzöffnung.

Mittlerweile sind diese Energien/Informationen auch als Artinus Heilquellen-Aufstiegsöle mit zusätzlichen ätherischen Ölen erhältlich. Sie sind eine lichtvolle Stütze beim Übergang in höhere Lichtfrequenzen.

Ein Gemeinschaftswerk sind die wundervollen Energie-Engelkarten zur Körper-Geist-Seele-Harmonisierung, liebevoll illustriert von meinem Mann mit der Schwingung des Engels Kirina.

Die Hammermethode

Ernst:

Wir haben uns, wie wahrscheinlich die meisten Paare, für die Zeit in der Pension so viel vorgenommen. Wir wollten uns wieder einen Hund anschaffen, öfters zu den Kindern und Enkelkindern fahren, und vor allem das tun, wozu wir während der beruflichen Tätigkeiten nie gekommen sind. Doch die Zeit verging und wir verwirklichten nichts davon. Heidrun war mit ihrer Freundin unterwegs, ich spielte Tennis oder grübelte, weshalb alles so ganz anders gekommen ist, als wir es wollten. Die einzige Freude war das Malen. Dabei fühlte ich mich glücklich. Darin konnte ich ganz und gar „aufgehen." Ich malte in jener Zeit sehr viele Bilder, die meisten davon waren von den Engeln inspiriert. Sie fanden große Beachtung bei den Ausstellungen, denn die Energie, die sie ausstrahlen, berührt die Menschen. Heidrun hatte begonnen ein Märchen zu schreiben, dessen Titelbild ich mit großer Begeisterung gestaltete. Sie hatte gerade das Manuskript von „Die Botschaft des Sonnenengels" fertig, als unser Leben durch die furchtbare Diagnose aus den Fugen geriet.

Die Aussage der Ärztin, die sehr einfühlend agierte, zog mir den Boden unter den Füßen weg. Es konnte nicht sein, dass meine geliebte Frau so krank sein sollte. Der Tod ihres Bruders, der an dieser Krankheit mit knapp 55 Jahren gestorben war, stand mir vor Augen und ich konnte in dieser Zeit nichts anderes tun, als zu beten. Heute weiß ich, dass dies ohnehin das einzige war, das ich tun konnte.

Mittlerweile war mein Denken über „Schicksal“ ein anderes, weil ich weiß, dass es weder Zufälle noch Schicksale in dieser Form gibt, wie das zuvor mein Glaube war. Nichts fällt einem zu, das nicht von der eigenen Seele gewollt ist; ob als Lernprozess vorherbestimmt oder dem Willen Gottes unterliegend. Wir wissen mit unserem menschlichen Verstand nicht, was unsere Seele sich alles an Erfahrungen für dieses Leben vorgenommen hat. Das jedoch als Wahrheit anzunehmen, ist leicht, wenn man nicht damit konfrontiert wird. Passiert es, dass man von einer Minute zur anderen vor Tatsachen gestellt wird, mit denen man nie im Leben gerechnet hat, dann ist die erste Reaktion eine natürlich rein menschliche. Verzweiflung, Unglauben, Vorwürfe, Zweifel an Gott. Es gibt, glaube ich, nichts, was einen Menschen in dieser Zeit nicht heimsucht.

Diese Wochen voller Angst und Hoffnung, haben mir nicht nur graue Haare beschert, sondern meine Spiritualität auf eine neue, lichtvollere Ebene gehoben. Die große Dankbarkeit, dass alles so gut ausgegangen ist, verspüre ich jeden Tag. Immer, wenn ich ihr in die Augen schauen, sie in meine Arme nehmen darf, geht mein Herz vor Dankbarkeit über. Ich kann nur jedem Mann, der seine Frau von Herzen liebt, raten, ihr das auch zu sagen, denn es gibt Tage, wo nichts mehr so ist, wie es vorher war…

Loslass-Prozesse

Heidrun:

Nach der Erfahrung, plötzlich mit der eigenen Endlichkeit des Lebens konfrontiert zu sein, hat ein großes Loslassen begonnen. Fast jeder Mensch, der durch so eine Erfahrung gehen muss, ist anschließend ein anderer. Die Prioritäten verschieben sich. So vieles, was zuvor wichtig war, ist es nicht mehr, und manches, von dem man glaubte, es unbedingt haben zu müssen, wird wertlos angesichts der Tatsache, dass alles nichts ist, wenn die Gesundheit nicht mehr mitspielt.

Es findet ein Umdenken in die Richtung statt, die mit Vertrauen in die Göttliche Führung einhergeht. Etwas, mit dem mein Mann und ich uns zum Glück seit einigen Jahren ohnehin intensiv beschäftigen. Deshalb fiel es uns sicher leichter als anderen, das Gegebene in Dankbarkeit anzunehmen. So sehr es mich auch betroffen gemacht hat, ich habe nie gefragt: „Weshalb ich?“, weil ich weiß, dass jede Seele sich ihre eigenen Lernerfahrungen aussucht. Ich denke mir, ich wollte diese Erfahrung machen, wenn das auch mit dem Verstandesdenken nicht nachvollziehbar ist. Ich habe mir angewöhnt, bei Schicksalsschlägen und gravierenden Problemen nicht mehr „Warum“ zu fragen, sondern: „Wozu?“ Womit soll ich mich auseinandersetzen, was soll mir dies zeigen, was ich daraus lernen sollte? Diese Fragestellung macht es mir leichter mit den Widrigkeiten des Lebens und seinen schmerzvollen Verlusten umzugehen.

Natürlich ging unser Umdenken auch nicht immer reibungslos vor sich. Manches wurde erst durch „Vorbildwirkung“ erreicht und manches trotz leidenschaftlicher Gegenargumente nicht angenommen. Ich glaubte sehr oft, dass mein Mann und die Kinder von meiner neuen Einstellung so überzeugt wären, dass sie sich mit fliegenden Fahnen meine Einstellung auch zu eigen machen würden. Falsch gedacht und Gottseidank schnell kapiert. Man kann niemanden überzeugen, der das nicht aus sich selbst heraus will. Ich habe die Einstellung und Gedankenweise der Kinder ganz schnell akzeptiert und meine Konzentration zur Gänze auf meinen Mann gerichtet. Der hat sich das aber auch nur stückweise gefallen lassen, denn wenn er eines nicht mag, so ist das Druck. Daran habe ich lange Zeit zu „knabbern“ gehabt, weil ich erst lernen musste, dass jede Seele ihren Weg der Entwicklung nur in ihrem eigenen Tempo bereit ist zu gehen. Nur weil es mir nicht schnell genug gehen konnte, musste das nicht auch automatisch bei meinem Mann der Fall sein.

Nun, solche Erkenntnisse kommen immer wieder vor und sind sehr lehrreich. Man lernt in dieser Entwicklung auch, dass gute Freunde sich verabschieden, weil die Schwingungen nicht mehr zusammenpassen. Man fühlt sich immer unwohler in Kreisen, wo allzu sehr „gemenschelt" wird. Wo über andere unter dem Siegel der Verschwiegenheit hergezogen wird, wo nur über Krankheiten gesprochen und über die Lage im Allgemeinen und das politische Geschehen im Besonderen geschimpft wird. Mir persönlich bereiten solche Gespräche, wenn ich sie nicht vermeiden kann, Herzweh. Ich brauche anschließend einige Zeit, um mich mit Licht/Farbe und Visualisierungen zu reinigen. Mein Mann tut sich da noch leichter. Er sagt, er schafft das „mental!" Er kann mit allen und über jedes Thema reden, denn hinterher trenne er die wesentlichen von den unwesentlichen Dingen, und schicke jene, die er nicht behalten möchte in das Göttliche Licht, wo sie von den Engeln transformiert werden.

Tolle Einstellung!

Wie soll ich mit meiner Veränderung umgehen?

Ernst:

In dieser Zeit plagten mich große körperliche und emotionale Beschwerden, die ich darauf zurückführte, dass ich begonnen habe, spirituell intensiver an mir zu arbeiten. Auch wenn meine Frau das nicht so sieht. Ich weiß aber, dass die Würde jedes Menschen darin besteht, Führer des eigenen Lebens zu sein und nicht ständig nach jemandem Ausschau zu halten, der ihm sagt, was er tun soll. Man braucht niemanden, der einem sagt, was gut und was falsch ist. Man soll seinem Höheren Selbst erlauben, die Führung zu übernehmen und man wird ein inneres Erwachen seines Bewusstseins erleben, das einem ermöglicht, die Dinge anders zu sehen, wie man es bis jetzt getan hat. Wahrheit kann nur aus dem eigenen Inneren kommen. Um ganz sicher zu gehen, habe ich mich wieder einmal an meinen Geistführer Amras gewandt und ihn gefragt, wie das mit der Veränderung bei mir und für andere sei. Wie es weitergehen würde… Seine Antwort war sehr hilfreich für mich:

„Deine Frage betrifft sehr viele Menschen. Große und umwälzende Dinge geschehen auf eurem Planeten. Eure weiblichen und männlichen Anteile müssen ins Gleichge-

wicht kommen, um die kriegerischen Energien aufzulösen, die bisher die Vormachtstellung innehatten. Ich weiß, dass sich immer mehr Männer bemühen sich in ihre Partnerinnen einzufühlen, um deren Probleme und Ansichten besser verstehen zu können. Das ist wundervoll und ein Zeichen dafür, wie sehr die neue weibliche Energie auf eurem Planeten schon um sich greift. Jede menschliche Seele vereint in sich das Männliche und das Weibliche. Wenn diese beiden Energien ausgewogen sind, kommt es zu dem harmonischen Miteinander, das das Ziel der globalen Schwingungserhöhung ist.

Veränderung kommt aus dem Herzen, wenn es Zeit ist, seine Bestimmung nach außen zu tragen, sie zu leben. Deine Bestimmung hat nichts mit dem zu tun, womit du dich derzeit beschäftigst. Du fühlst, dass es an der Zeit ist zu den Bedürfnissen deiner Seele zu stehen. In Wort und Tat. Du brauchst dazu nicht von Tür zu Tür zu gehen, aber bekunde in den Gesprächen mit anderen deine Spiritualität, ohne deshalb belehrend zu sein.
Wirke durch dein Vorbild!

Es ist aber noch etwas anderes, das zu deiner derzeitigen Unruhe beiträgt: Die Welt wird transformiert, so wie die Menschen ebenfalls transformiert werden, sowohl im Inneren als auch im Außen. Wenn die Umwandlung geschehen ist, werden sie erleben, dass sie in eine verwandelte Welt hineingeboren wurden und vieles wird für so manche Menschen neu beginnen. Es gibt neue Sichtweisen, die sich eröffnen, je mehr die Menschheit in die Multidimensionalität ihres Seins eintauchen wird. Doch so eine Umstellung erfordert Ruhe und Zentriertheit in den Herzen. Lerne, in diesem Raum zu leben. In diesem Raum ist das reine, ungefilterte Bewusstsein der Liebe zuhause. Daraus gehen die Schöpfungen der Liebe hervor, und vielleicht kannst du verstehen, weshalb es so essentiell ist, dich dort zuhause zu fühlen.

Eure Pole verschieben sich, lichtvolle Energien fließen immer mehr aus dem Göttlichen zu euch und das Alte verabschiedet sich nur zögerlich. Es ist ein Aufruhr, weil sich Mutter Erde genauso transformiert, wie der Mensch. Auch sie gibt nun den Schmerz und die Leiden frei, die sie so lange schon erduldet. Ihr seid aufgefordert, Gottes Liebe anzunehmen. Dies kann euch helfen, die Umwandlungen zu erlauben die auftreten müssen, um euren physischen Körper dem Licht anzugleichen. Jede Zelle, alle Knochen, Muskeln und Nerven in euren Körpern sind von dieser Umwandlung betroffen, um die niedrige Dichte zu transformieren, damit die absolute Essenz eurer Göttlichkeit sichtbar werden kann.

Fühle, mein Freund, die Liebe, die dir von überall entgegengebracht wird. Stimme deinen Herzschlag auf den deiner Erdenmutter ein, und verstärke die Einheit mit allem, von dem du dich getrennt fühlst.

Es ist Zeit für dich anzunehmen, dass Festhalten an sturen Standpunkten dein geistiges, spirituelles und künstlerisches Wachstum blockiert. In dieser Zeit bestimmt die Herzöffnung, wie weit jeder Mensch auf dem Weg des Lichts – der Erkenntnis, ist. Jede Geschwindigkeit, jede Richtung und Einstellung ist in Ordnung, denn du sollst wissen, dass am Ende jeden Weges, jeder Richtung und jeder Einstellung das Heimkommen im Licht Gottes gegeben ist.

In dieser Frequenzanhebung kommen viele Dinge der dritten Dimension zum Abschluss. Auch du stehst an der Schwelle zur Neuen Zeit – an deinem persönlichen Kreuzungspunkt. Die Entscheidung in der alten Energie zu verharren, anstatt mit Hilfe anderer(das sind sehr oft die eigenen Partner/innen) und der Lichtwesen den Anschluss an die fünfte Dimension zu erreichen, muss jeder für sich allein treffen. Doch ich mache dich darauf aufmerksam, dass diese Entscheidung JETZT zu treffen ist. Du hast vor deiner Inkarnation zugestimmt, den Aufstieg zu bewerkstelligen, deine Mission zu leben und an deiner spirituellen Entwicklung zu arbeiten, damit all die Gaben, die du bekommen hast, auch ausgedrückt werden können.

Denn die Zeit zu handeln – ist JETZT

Denn die Zeit loszulassen – ist JETZT

Denn die Zeit umzudenken – ist JETZT

Denn die Zeit, den Sprung über den Graben zu wagen, ist angebrochen.

Ich will dir ins Bewusstsein bringen, dass du nicht dein materieller Körper bist, sondern ewig spiritueller Geist, der sich in deinem Körper ausdrückt. Du selbst kannst dazu beitragen, dich in diesem Körper wohlzufühlen, frei von Krankheit und Schmerz zu sein, ohne dabei deinen Geist deswegen einzuengen.

Bitte deine Engel um Hilfe deine Ängste loszulassen, denn Ängste hindern dich, deine Kraft zu erwecken. Es ist Zeit, deine Verbindung zur Geistigen Welt zu vertiefen. Halte dir vor Augen, dass du eine weise alte Seele mit großer innewohnender Heilkraft bist. Es ist deine Mission, dich für das Wohl anderer einzusetzen.

Arbeite intensiver mit Farben und Düften, und beschäftige dich mit deinem spirituellen Wachstum, damit deine Blockaden und Ängste sich leichter auflösen können.

Kontrolle loslassen

Heidrun:

Eine der größten Blockaden für mein spirituelles Weiterkommen ist, dass ich immer noch nicht geschafft habe, das Kontrolldenken loszulassen. Das wurde mir doch schon vor Jahren bei diesem wundervollen Channeling am Chiemsee nahegelegt. Alle Menschen im Saal lachten über mich, als das Medium anschaulich mein Kontrolldenken vorführte. Sie sagte: „ My Sweetheart, du hast eine Idee (dabei griff sie mit einer Hand hoch zum Kronenchakra und demonstrierte, wie sie die Idee aus dem Kopf heraushob und anschließend mit sehr kritischem Auge begutachtete, indem sie mit dem Kopf hin und her pendelte), jetzt nimmst du sie wertend in Augenschein und überlegst, soll ich sie nehmen oder doch nicht?"

Ja, das ist jetzt schon viele Jahre her und ich bin immer noch in dieser eingefahrenen Schiene. Nach einer Behandlung bei Barbara, die mich, mal in kürzeren, dann wieder längeren Abständen von blockierender Energie reinigt, bat ich meine geistige Führung, mir doch zu helfen, Kontrolle endlich loszulassen. Ich fragte sie: „Wie kann Loslassen geschehen?"

Die Führung antwortete:

„Auf eine sehr einfache, jedoch wirkungsvolle Weise. Du benötigst nichts dazu außer deiner Bereitschaft, zu erkennen, dass du wie ein Tropfen im Meer bist, der immer wieder aufsteigt und immer wieder zu Boden fällt. Was braucht ein Tropfen um aufzusteigen? Die Bereitschaft, sich aus der Masse herauszulösen. Zu erkennen, dass die Kraft in ihm ist, seinen eigenen Weg zu gehen. Die Masse – der Ozean – gibt Halt und Sicherheit als Einzelner nicht kämpfen zu müssen. Ist doch die Masse die Voraussetzung dafür, dass der Einzelne die Denkmuster anderer annehmen und eigene Erkenntnisse daraus ziehen kann. Wie er mit diesen Erfahrungen umgeht, ist ihm überlassen. Bleibt er lieber Zeit seines Lebens in diesem vertrauten Muster oder besinnt er sich seiner Einmaligkeit? Sie kann er nur ausdrücken, wenn er bereit ist, sich aus der Masse herauszulösen. Sich auf eine Reise zu machen, um ***sich*** *selbst kennenzulernen. Das Kennenlernen gelingt nicht, wenn man ständig mit und in der Bewegung des Ganzen fließt. Nur in der Eigenständigkeit kann erkannt werden, was einen ausmacht. Nur dann kann gefühlt werden, was man ist und was man wirklich möchte!*

Steige aus dem Massenbewusstsein aus und beginne dich zu erforschen. Auch wenn es vieler Auf- und Abstiege bedarf, ehe du beginnen wirst, deine ganze Schöpferkraft, deine Einmaligkeit zu erkennen, ehe du das annehmen und leben kannst.

Dazu gehört aber auch, dass du die anderen Seiten in dir akzeptierst: Du musst sie anerkennen und lieben, auch wenn sie weder deinem Verständnis noch dem Verständnis anderer, entsprechen. Das ist der Lernprozess während deiner Reise, dich damit auseinanderzusetzen. Das anzunehmen, was du bist, was du in dir angehäuft hast und dann beginnen, es zu lieben.
Denn nur, wenn du auch die anderen, nicht so schönen Seiten in dir annehmen und lieben kannst – dürfen sie gehen! Dann gibt es keinen Grund mehr, sie länger als belastende Energie festzuhalten.

Denn Liebe ist Fließen, ist Annehmen und Abgeben.

Das ist Loslassen! Das geschieht, wenn du Kontrolle loslässt!

Wenn du auf diese Weise loslässt, bist du im Vertrauen und in der Dankbarkeit. Dann weißt und fühlst du, dass deine Wege göttlich geführt sind, dass du Altes in Liebe gehen lassen kannst, ohne Wehmut oder Schuldgefühle zu empfinden. Dafür mit deiner ganzen Liebe für dich selber einzustehen!

Das ist Loslassen in Übereinstimmung mit Gottes-Erkenntnis. Wenn es dir schwerfällt, geben wir dir ein Bild, um dir das Loslassen zu erleichtern: Sehe dich in einem Boot dahintreibend auf dem Wasser. Dein Blick geht hoch zum Himmel über dir und du schaust dem Treiben der Wolken zu, dem Flug der Vögel, währenddessen dein Boot über das Wasser gleitet. Es zeigt dir sinnbildlich auf: Du überlässt das Steuern des Bootes göttlicher Führung!

Es kümmert dich nicht, wohin das Boot treibt, weil du die Sicherheit in dir fühlst, dass Gott weiß, wohin dein Lebensschiff treiben wird. Du bist frei von Angst, wo es dich hinführt, zum Stehen kommt oder ob es gar an Hindernisse stoßen wird.

Du lässt dich treiben im absoluten Vertrauen auf die Göttliche Führung!

Halte dir dieses Bild vor Augen, um Loslassen zu üben. So wird es dir leichter fallen im Vertrauen und in der Dankbarkeit zu sein, und das, was dich belastet, in Liebe gehen zu lassen. Mit dieser inneren Haltung verzichtest du auch auf die Kontrolle, was nun mit den Energien, die losgelassen werden, geschieht.

Es ist nicht wichtig für dich es zu wissen! Gott sorgt für ihre Transformation.

Nütze die Leere, die durch das Loslassen entstanden ist, um darin deine wahre göttliche Schöpferkraft zu erkennen. Sie ist leicht! Sie kennt nicht die Schwere des Losgelassenen. Es ist das Licht in dir, das sich nun ausbreiten kann und keiner Kontrolle bedarf. Schöpferkraft lässt dich Metamorphose erkennen! Lässt dich fühlen, wie schön es ist, aus dem beengenden Raupenkörper ausgestiegen zu sein, um in der federleichten Schwingung eines Schmetterlings zu sein, der sich voller Vorfreude dem Neuen hinwendet.

Das ist, was wir unter Loslassen verstehen: Aus dem beengenden Denken auszusteigen, was in dir an Schwerem ist, anzuerkennen, um es dann in Liebe loszulassen. Damit du dankbar deine Flügel ausbreiten und dich Göttlicher Führung anvertrauen kannst.

Deine nicht aufgearbeiteten Emotionen, so ihnen die Liebe fehlt, sind die Ursache des Unglücklich seins und vieler Probleme. Du kannst nicht andere Menschen oder gar Gott dafür verantwortlich machen.

Es gibt nur einen Menschen, der dich glücklich oder unglücklich machen kann, und das bist du selbst! Du weißt es!
So ist es!

Mein Lebensthema

Heidrun:

Das Thema, welches ich mir für dieses Leben ausgesucht habe, habe ich in einem Seminar erfahren. Es war eines der wenigen Seminare, die mir Bestätigung in vielen Dingen brachte. Es hat mir so manches vor Augen geführt, was ich so nicht wahrhaben wollte. Dort erkannte ich, dass das Leben wie eine Studieneinrichtung ist: Die eine Seele sucht sich ein schweres Studium aus, und eine andere sagt: Dieses Mal wähle ich mir ein leichteres...

Jeder von uns kommt mit Aufgaben auf die Welt: Man kann sie machen, muss es aber nicht tun, denn der freie Wille obliegt jedem. Aber dann bleibt man halt sitzen und probiert es in einem anderen Leben wieder. (Sofern man an Wiedergeburt glaubt!) Ich tu es, denn dadurch kann ich vieles leichter begreifen, für das mir ansonsten das Verständnis fehlen würde. Wir werden mit den bestimmten Lernaufgaben so lange konfrontiert, bis wir es kapieren, denn die Seele hat unendlich Zeit. Ob wir unsere Aufgaben und Prüfungen nun möchten oder nicht, sie werden kommen. Und es wird nicht immer nur das Positive kommen, es kommt beides, denn nur wenn wir das Negative erfahren, sind wir bereit zur Veränderung. Ich erkannte: Nicht dagegen sträuben – im Annehmen liegt die Lösung! Wir müssen daran glauben, dass andere

– höhere – Wahrheiten möglich sind, und dass es ganz normal ist, sie zu haben. Wir sollten beginnen, eine aktive Verbindung zwischen unserem Verstand, unserem Herzen und auch unserem Bauch herstellen. Mit diesem Prozess geht einher, dass wir unser Selbst anfangen, bedingungslos zu lieben. Denn unsere Gefühle wollen mit alldem in Kontakt kommen, damit man geerdet ist und sich sicher fühlt. Man sollte wirklich damit beginnen, seinen Körper zu fühlen, ihn zu lieben, so wie er ist (das ist meistens das Schwerste!), zu spüren, wie man lebt, und in sich hineinhören. Das Gefühl wahrnehmen, dass man in sich nicht alleine ist. Denn der Teil meines Ichs, der immer war und immer sein wird, ist in mir und möchte mir ständig Informationen geben. Informationen, die ich dringend brauche, weil sie mir helfen, meinen Lebensweg leichter zu gehen.

Das ganze Leben ist ein einziger Erkenntnisprozess.

Jeder hat dem Leben gegenüber eine Verpflichtung, der er nachkommen sollte. Meine lautet: „Nein sagen lernen. Nichts mehr hinunterschlucken!“ Das habe ich viel zu lange getan. Ich habe nachgegeben, damit um mich herum Harmonie ist, zurückgesteckt, weil man andere nicht im Stich lassen kann und was es noch alles an falschen Gedankenmustern gibt, die man sich im Laufe der Jahre selbst auferlegt. Die Geistige Welt hat mir nahegelegt, mich von Wollen, Müssen, Haben zu trennen und mich stattdessen zu freuen und zu genießen, ohne mich an etwas zu binden. Meine Geistige Führung ließ mich außerdem wissen: *Dein Engelname ist: Aliana Kara – die hoffnungsvolle und würdevolle Weise.*

Deine Bestimmung: Trage Liebe in die Welt, sei dir Deiner mehr bewusst und lebe dein Leben in Freude. Die Liebe zur Menschheit ist dir ins Herz gelegt worden. Du liebst alle Menschen, nur für dich selbst bleibt zu wenig übrig. Deine Bestimmung ist es, Leuchtturm zu sein und Herzen durch Worte zu öffnen. Heile durch Wort und Schrift! Dein Thema in diesem Leben: Nicht so vertrauensselig zu sein!

Danach sagte mir die Geistige Führung noch, was jetzt für mich notwendig ist: *Liebe dich und erkenne die Liebe, die du bist. Trage sie hinaus ins Leben und berühre andere Herzen damit. Gehe in die Öffentlichkeit, sprich über das, was dein Herz so übervoll sein lässt und arbeite mit den ganz besonderen Karten, die du von den Engeln für dich bekommen hast. Sie sind eine Hilfe für jene Menschen, die zu dir kommen und Hilfe brauchen, damit sie ihren Weg finden. Zeige ihnen ihre Stärken auf und motiviere sie, zu ihrer Bestimmung zu stehen. Du weißt, dass für jeden dann die Botschaft da ist, die der Betreffende in diesem Moment benötigt, um seine Mission annehmen zu können.*

Dein Reichtum an Liebe und Licht wird durch das Teilen mit anderen noch größer und ist für die Jetzt-Zeit notwendiger denn je. Lerne, dich selbst mehr zu lieben. Lege

Ängste und Zweifel in unsere Hände und erwarte das Wunderbare, das auf dem Weg zu dir ist.“

Nur kurze Zeit nach dieser Durchsage habe ich die Nachricht vom Smaragdverlag bekommen, dass sie das Buch „An Maria im Himmel – Postlagernd“ in ihr Programm aufnehmen. Mittlerweile ist das Buch „Die-Neun-Stufen-Seelenheilung“ ebenfalls dort erschienen und auch 2014 erscheint ein weiteres Buch mit dem Titel „ Die Allmächtigkeit in ihrem Ursprung“.

Ein Verlag mit einem wunderbaren Team. Wahre Engel, die Bücher für die Seele in die Öffentlichkeit bringen.

Nimm es nicht persönlich!

Ernst

Das ist auch so ein Satz, der mich auf die Palme bringen kann. Da haut mir meine Frau des Öfteren ihre spirituellen Weisheiten um die Ohren und wenn ich sie nicht gleich so verstehe, wie sie sie meint, kommt es tröstend: „Nimm es nicht persönlich, Schatz!“ Ein Mann nimmt immer alles persönlich!

Jeder von uns ist auf seiner einzigartigen Reise unterwegs. Und auch wenn ich weder Seminare noch Workshops, noch Vorträge oder was weiß ich noch alles, mit meinem Besuch beehre, so füge ich doch die Puzzleteile einander, die sich mir auftun. Ich zum Beispiel bekomme ebenso wie meine Frau Gänsehaut, wenn ich etwas höre, das Teil meiner eigenen Wahrheit ist. Damit möchte der Körper mir sagen, dass man die Wahrheit angesprochen hat oder aufmerksam sein soll, weil sich eben jetzt eine Gelegenheit bietet, mehr über sich und seine Einstellung zu erfahren. Man bekommt auch Gänsehaut, wenn man schöne Musik hört, einen tiefen inneren Frieden verspürt, oder wenn man guten Sex hat – das sind alles Augenblicke, die einem eine Ahnung von diesem Gefühl vermitteln. Von etwas, das einem das Herz aufgehen lässt.

Ich finde es toll, dass wir - obwohl siebzig Jahre alt, uns so vieles von unserer jugendlichen Einstellung erhalten haben. Natürlich genießen wir es, nicht mehr durch den Wecker aus dem Schlaf gerissen zu werden, sondern durch eine feuchte Hundeschnauze, die ins Schlafzimmer kommt, um nachzuschauen, wann denn jemand aufzustehen gedenkt. Wir vergönnen uns auch mittlerweile den Luxus, unsere Meinung kundzutun, ohne uns anderen anzupassen. Wir sind immer bereit, eingefahrene Schienen zu wechseln und nicht alles zur Gewohnheit werden zu lassen. Vor allem nicht das Zusammenleben – die Liebe. Erotik in die Beziehung einbringen, gehört zum Leben, sonst wird man krank. Die Berührung ist sehr wichtig, damit der Körper gesund bleibt. Nur weil man spirituell denkt und handelt braucht man nicht zu leben vergessen, auch dann nicht, wenn man bereits die Siebzig überschritten hat. Man muss sich allerdings schon ein bisschen Mühe geben. Wenn nicht beide an sich arbeiten, kommt es oftmals in dieser Neuen Energie zu Kampf, zu Unverstand und letztendlich zu Trennung. Dann hat sich zu lange etwas aufgestaut, worüber nicht genug gesprochen worden ist.

Das tägliche Bemühen für eine funktionierende Partnerschaft ist unumgänglich, will man ein freudvolles und gesundes Dasein führen. In der Harmonie mit dem Partner und mit seinem Umfeld, liegt unweigerlich die Gesundwerdung des Menschen, und nur auf sie kommt es an. Nicht auf Äußerlichkeiten und nicht auf Machtstreben oder Egospiele. Wichtig ist es im Jetzt zu leben und nicht den alten Lebensumständen nachzutrauern.

Es ist Liebe, wenn man die Falten im Gesicht des Partners nicht wahrnimmt. Schönheitsoperationen sind eine Verkleidung für außen. Um eine Maske aufzusetzen, damit das Innere nicht gezeigt werden muss. Doch diese Maske lässt sich nicht halten in dieser Energie. Sie bröckelt – bei dem einen früher, beim anderen später. Egal wie alt man ist – man sollte jeden Tag so erleben, als ob es nur diesen einen Tag für einen gäbe. Dann hat man keine Zeit traurig zu sein oder zu jammern. Man kann nicht nur nach vorne blicken und nicht zurück, da es ja nur diesen einen Tag gibt.

Das, denke ich, ist der Schlüssel für ein erfülltes Leben. Dies lässt einen dankbar sein für diesen einen Tag, der ein ganzes Leben lang andauert.

Liebe das Leben

Heidrun

Leben ist die Vollendung allen Seins. Wer dies erlangt, erstrahlt in Harmonie mit sich und mit allem, das da existiert. Die Grundlage dieser Erkenntnis ist das „Lebenwollen“, ist die Freude am Gestalten der eigenen Lebensumstände, so man dazu in der Lage ist. Alles, was uns widerfährt unterliegt dem steten Wandel. Es gibt ein ständiges Wiederkehren, ein Auf und Ab. Die Bewegung dieser Wellenschläge macht das Leben zu einem Abenteuer, zum größten Abenteuer, auf das wir uns einlassen können. Wer das Glück hat, sein Lebensschiff in harmonischer Zweisamkeit durch die Höhen und Tiefen der menschlichen Erfahrung steuern zu dürfen, kann sich glücklich schätzen und von Herzen dafür dankbar sein.

Wer den Weg des Umdenkens beschreitet, durchlebt viele Stufen der Erkenntnis, die ihn zu einem „anders fühlenden Wesen“ werden lassen. Zur Erkenntnis, dass es einen Weg gibt, der frei ist von Stolpersteinen und Gräben, der frei ist von Zweifeln und Schwierigkeiten. Dieser Weg ist ein einfacher, der zum Ziel führt, da er der einzige ist. Diesen Weg zu beschreiten bedeutet Glück und Zufriedenheit und Freude.

Gottvertrauen heißt dieser Weg!

Um dieses Gottvertrauen zu erlangen, bedarf es einiger innerlicher Erfahrungen. Auch wenn man schon länger diesen spirituellen Weg geht, gibt es doch immer wieder Rückschläge, die einen zweifeln lassen. Jetzt denke ich schon so lange „gut!“ und trotzdem haut mir das Leben immer noch mit dem Hammer auf den Kopf. Dann trotzdem an diesem Gottvertrauen festzuhalten, beweist das Wachstum, das meine Seele in all dieser Zeit durchlaufen hat. Wenn ich frage: „Wozu ist das in mein Leben gekommen?“, bekomme ich ganz andere Antworten. Sie führen mich zu der Erkenntnis, dass die Lösung immer dort ist, wo der Mensch sich selbst liebt, an sich glaubt und ganz tief in sich weiß, dass er selbst sein Leben in Freiheit und Glück aufbauen kann. Ich habe erkannt, dass ich mir alle Situationen und Begebenheiten selbst in mein Leben hole, bewusst oder unbewusst.

Nichts „geschieht einfach so“. Geschehnisse, Ereignisse, Krankheiten in meinem Leben sind nicht einfach plötzlich über mich hereingebrochen. Sie sind nicht vom Himmel gefallen und ebenso wenig wurden und werden sie von irgendeiner Gewalt oder von Gott auf mich herabgeschickt. Alles ist Schwingung und energetisch mehr oder weniger stark miteinander verbunden.

Der Mensch selber ist es, der auf energetische Weise alles zu sich holt. Alle Geschehnisse und Ereignisse sind als Versinnbildlichung von etwas da, das auf tiefer liegender Ebene geschieht. Ob das in meiner Psyche der

Fall ist oder innerhalb meiner Überzeugungs- und Erwartungsmuster. Ich habe mittlerweile kapiert, dass ich auf diese Weise mein eigenes Leben gestalte. Mit meiner Denkweise und Fokussierung auf bestimmte Energien rufe ich die entsprechenden Ereignisse hervor, gute und schlechte. Ich weiß auch, dass ich dann Ursachenforschung betreiben muss. Die tiefere Ursache bestimmter Vorfälle herausfinden und sie auflösen. Meine Einstellung dazu korrigieren, damit ich auf meinem Weg zu mehr Selbstbestimmung und Freude einen Schritt weiterkomme.

Das alles bekomme ich immer wieder in wunderschönen Durchsagen, wie jene:

Erkenne dich im Wunder

Ich bin die Allmächtigkeit in deinem Geiste. Erkenne die Größe dieser Wahrheit. Erkenne die Schöpferkraft, die dieser Erkenntnis innewohnt. Was kannst du dadurch alles bewerkstelligen? Fühle deine Größe, deine Einzigartigkeit und wisse um die Gnade, die ICH dir damit gewähre. Denn:
-ICH will mich ausdrücken durch dich!
ICH will erlebbar sein durch dich!
ICH will erkannt werden durch dich!
ICH will gehört, gesehen und gefühlt werden durch dich!

ICH will, dass du selbst erkennst, was Gott in dir und durch dich bewirkt. Damit andere Menschen das wahrnehmen und ihre Zweifel loslassen können.

Deshalb, geliebte Seele, bitte ich dich, stille zu sein, mich zu fühlen und zu wissen, dass ich jede Minute deines Seins mit dir bin. Damit du in der Lage bist zu erkennen, dass jede Zelle in deinem Körper von meinem Bewusstsein erfüllt ist. Wenn du in der Stille im Frieden mit dir bist, können wir uns von Herz zu Herz verständigen. Du empfängst und ICH gebe, ICH empfange, was du zurückgibst, in einem ständigen Wechsel von Liebe und Dankbarkeit. Ein Austausch von Gefühlen, die dein menschliches und seelisches Wachstum beflügeln. Eine Rotation von Licht, wodurch du zu strahlen beginnst und mein Licht sich noch weiter ausdehnen kann in der Menschlichkeit.

Das, geliebte Seele, kannst du erfahren, wenn du MICH in dir wahrnimmst. Du benötigst dazu nichts Materielles, nur deine Bereitschaft der Herzens- und Seelenöffnung ist vonnöten, damit wir uns spüren können.

ICH habe dir so vieles mitzuteilen. ICH möchte dir zeigen, was deinen menschlichen Augen bisher verborgen geblieben ist. ICH möchte, dass du erkennst, welche Größe du bist. Ein Licht von großem Ausmaß, das in der Lage ist, Berge zu versetzen. Und das doch zulässt, sich klein und minderwertig zu fühlen. Wenn du dich selber klein fühlst, wie sollen andere deine Größe erkennen? Deine bedeutende Schöpferkraft würdigen, deine Tiefe an Gefühlen auszudrücken, dein inneres Licht zum Ausdruck zu bringen, das ist, was ICH dich bitte, zu tun. Verstecke dein Licht und deine schöpferischen Gaben nicht länger unter dem Mantel des kleinkarierten Denkens.

Du bist groß – ich wiederhole mich – und du solltest das endlich glauben!

Du glaubst so vieles, was andere dir sagen, was du in Büchern liest oder jemand dir als seine Wahrheit erzählt. Warum glaubst du nicht den Worten deines Schöpfers? Bin ICH nicht laut genug? Drücke ICH mich nicht deutlich genug aus? Kann man MICH – die LIEBE, nicht überall spüren? Ist Wahrheit so schwer verständlich?

Geliebte Seele, ICH bitte dich, an deine eigene Wahrheit, deine eigene Kraft und Macht zu glauben. Wisse, das bin alles ICH. Du bist mein Geschöpf – und als solches einmalig und groß!

Erkenne dich im Wunder der Wahrhaftigkeit, der Nachhaltigkeit und der immerwährenden Liebe, die dich mit MIR verbindet. Wahrhaftigkeit ist die Erkenntnis, dass du zu fühlen beginnst, wie ICH durch dich und andere wirke. Es ist ein Erkennen der eigenen Macht und der damit einhergehenden Schöpferkraft, die du nicht mehr im

Außen suchst. Du weißt, dass deine Wahrhaftigkeit sich dadurch ausdrücken kann, dass du die Liebe zu dir selbst zu fühlen beginnst, dass du deine Wertigkeit anzuerkennen beginnst.

Nachhaltigkeit zeigt dir auf, wie viel dein Wirken im Außen vermag. Du bist ein Kieselstein, der, ins Wasser geworfen, Kreise zu ziehen beginnt. Du beginnst mit kleinen Kreisen und breitest dich Welle für Welle weiter aus, und lässt so das Wunder sichtbar werden, das zum Auslöser für Schöpferkraft geworden ist – Dich selbst!
Liebe – die Allmächtigkeit – sorgt dafür, dass der Wellenschlag, den du ausgelöst hast, über das Ufer hinaus weitere Kreise ziehen wird. Es sind Lichtwellen, die von MEINER Herrlichkeit künden. Sie sind ein Magnet für andere, die dieses Wunder auch in sich erkennen und erfahren möchten.

So kann ICH herabsteigen, um zu helfen, den Aufstieg zu bewältigen. So kann MEINE Liebe den ganzen Planeten umfassen und durchlichten, zur Ehre jedes Einzelnen, der das Wunder, das er ist, erkennt.

Steige aus der Dichte des allgemeinen Denkens, des Bewertens und Kritisierens aus, und wirke im Namen der Liebe - in MEINEM Namen!

Führe ein Leben in Übereinstimmung mit dem Gefühl deines Herzens und lasse dich von ihm führen. So kann das Licht sich in deinen Zellen ausbreiten, was wiederum dazu führt, dass dein Glaube und dein Vertrauen in Göttliche Führung sich steigern. Ruhe in deiner Mitte, geliebte Seele!

Dort ist die Kraft, die deinen machtvollen Ausdruck unterstützt. Die jene Wunder bewirkt, die durch dein Hiersein geschehen. Jene Kraft, die dich groß und einzigartig macht, aber niemals vergleichbar ist mit jener, der Selbstherrlichkeit zugrunde liegt.

Das Wunder in dir ist das Licht, die Liebe und die Erkenntnis, dass du ein Tropfen Wasser bist, der in den Ozean zurückkehrt, um im schier endlosen Kreislauf daraus wiederzukehren als Regen.

Geliebte Seele, verankert in Erde und Licht, drücke durch dein Hiersein das Wunder aus, das du bist. Erkenne dich im Wunder!

Liebe das Leben, das deines ist. Du hast es dir selbst ausgesucht!
So ist es!

Ich bin ja bereit, doch mit der Umsetzung hapert es hin und wieder. Nie hätte ich gedacht, dass Heidrun zu lieben eines der schwierigsten Dinge ist, die ich zu bewältigen habe. Anzuerkennen, welche großartige Kraft in mir steckt, wie vieles ich in meinem Leben schon geschafft habe. Warum nur fällt es so schwer, sich selbst zu loben, zu feiern, zu lieben… Warum sieht man immer nur, dass andere Großartiges leisten? Die Welt wird voller Elend bleiben, solange wir nicht an unsere eigene Schöpferkraft glauben, solange wir auf Rettung und Führung von außen warten. Solange wir nicht damit aufhören, andere zu richten, zu bewerten.

Die Veränderung des Planeten hin zu einem Garten Eden ohne Krieg und Not beginnt mit Glaube, mit Selbsterkenntnis und Liebe. Anderen etwas bewusst machen beginnt bei der eigenen Bewusstwerdung. Damit, dass ich mir meine inneren Tiefen, meine Gefühle ehrlich ansehe und mich stark mache für sie. Mir selbst alle Freiheit in weiten Räumen gebe. Mir meines Wertes bewusst bin. Lebensfreude aus meinem tiefsten Selbst heraus zu empfinden.

Man muss weder vor dem Leben noch vor sich selbst flüchten. Werden wir zum Meister über unsere Kräfte. Wir haben alles in uns, was wir dazu brauchen. Vor allem haben wir unsere innere Weisheit. Sie ist in jeder Sekunde unseres Lebens abrufbar, wir haben nur nicht gelernt, sie in unser Leben einzubeziehen. Bis jetzt…

Es ist, wie es ist

Ernst

Durch den Wandel in meinem Denken veränderte sich natürlich auch meine Energie. Ich ziehe nicht mehr so viele begrenzende Energiemuster an wie früher, doch mir ist bewusst, dass ich noch ein ganzes Stück Weg vor mir habe, ehe ich das, was ich gerne haben möchte, auch bin. Nur zu wollen, genügt nicht. Doch das Wissen, dass ich nicht mehr dem Schicksal alles in die Schuhe schieben kann, was mir widerfährt - ob dies nun gut oder schlecht für mich ist, beweist, dass ich auf einem guten Weg bin. Das bestätigte mir auch kürzlich mein Geistführer, den ich befragte, was er zu meiner Veränderung sagen könne.

„Du beginnst zu verinnerlichen, dass du grenzenloser Geist bist, der sich nur für diese Erfahrung einen Körper ausgesucht hat, dadurch bist du am besten Weg, deinen göttlichen Plan zu empfangen und umzusetzen. Dazu rate ich dir, weiterhin konsequent an deiner Bewusstwerdung zu arbeiten, dich aus den noch reichlichen Verstrickungen zu lösen und dich mit der friedvollen Leichtigkeit des Göttlichen Seins zu verbinden.

Stelle dich den Herausforderungen des Lebens, das die Schwingungserhöhung deiner Zellen zum Ziel hat. Je höher sie schwingen, desto gesünder wirst du sein und du ermöglichst es dadurch der Göttlichen Kraft durch deinen Körper fließen zu können.

Es ist für dich als Mann Zeit zu erkennen, dass du alles in dir hast, was du für den Aufstieg ins Licht benötigst. Es sind auch alle Antworten in dir, du solltest dir nur die Zeit nehmen, sie auch zu hören.

Du solltest dich auf deine wahren Schöpferkräfte besinnen, und du sollst glauben und dir vertrauen, denn du bist, was ich bin.

Lasse dich von deiner Seele führen, sie zeigt dir durch das Gefühl an, was für dich das Beste ist. Betrachte die Umstände in deinem Leben aus einem höheren Blickwinkel. Sieh immer das Ganze, nicht nur ein Stück.

Denn du bist eingebunden in ein Ganzes. Jeder Gedanke von dir, jede Handlung, die du setzt, hat Auswirkung auf das Ganze, denn du bist mit allem was ist, verbunden.

Nutze deine Energie, um zu lieben und dich liebend auszudrücken.

Nutze deine Energie, um dich kreativ zu betätigen.

Nutze deine Energie, um Leuchtturm zu sein, der seine Brüder zum Umdenken animiert.

Nutze deine weibliche Energie, denn diese ist ein Schlüsselfaktor für die Wiederherstellung des Gleichgewichts auf der Erde.

Denn ich sage dir, mein Freund: „Dein ganzes Sein ist Energie! Dein ganzes Sein ist Gottes Schöpfung!

Dein ganzes Tun ist das, was Gottes Wille ist.

Ich bin in dir, wie du in IHM bist.

Verstehst du, was Gott durch dich ausdrücken möchte?

Liebst du das, was du bist, was auch Er ist?

Ist deine Sehnsucht, ihn zu spüren, so groß wie Seine Sehnsucht nach dir?

Kannst du IHN fühlen, mein Freund?"

Im Jetzt

Heidrun

Seit Beginn unseres Umdenkens sind mittlerweile viele Jahre ins Land gezogen Genau gesagt – 20 Jahre! Wie viel hat sich doch in dieser Zeit verändert, in uns und um uns. Am Anfang des Weges waren wir beide noch voll im Arbeitsleben integriert. Hatten nicht so sehr das Bedürfnis nach Erforschen der inneren Weisheit, wie das heute der Fall ist. Damals waren andere Prioritäten vorrangig. Doch rückblickend erkenne ich, dass es nicht von äußeren Umständen abhängig ist, wann und wie man umdenkt, sondern davon, wann man bereit ist, sich mit sich selbst zu beschäftigen. Sich mit dem auseinanderzusetzen, was einem ein Seelenbedürfnis ist.

Diese gravierende Veränderung braucht weder einen Zeitplan, noch gute Vorsätze, wie sie oft zum Jahresbeginn gemacht werden. Sie muss aus dem Herzen kommen. Meistens geschieht es aus einer inneren Unzufriedenheit heraus, aufgrund einer lebensbedrohlichen Situation (Krankheit, Unfall) oder anderer tiefgreifender Umstände, die einen zwingen, über das eigene Ich nachzudenken. Das kann in jungen Jahren genau so der Fall sein, wie im vorgerückten Alter, wo man vor die Wahl gestellt wird, sein Leben selbst in die Hand zu nehmen. Denn nichts Bedrohliches geschieht „einfach so“, jedes

Ereignis wird durch die Erwartungen geschaffen, die ein Mensch in sich trägt!

Die Lebensereignisse sind die Folge unserer Erwartungen in Bezug auf das Leben, der bewussten oder unbewussten Schubkraft, mit der jeder von uns seine Energien vorantreibt.

In meinem Fall war dies zu Beginn nichts Dramatisches. Nein. Es war einfach der Wunsch, mit dem Rauchen aufhören zu wollen, der alles Weitere in Bewegung gesetzt hat. Von diesem Moment an ist alles ins Laufen gekommen, wurde ich von einer Erkenntnis zur anderen „geführt", habe ich Stationen durchlaufen, die mich stärker und sensibler gemacht haben, auch für Dinge, die nicht immer sicht- und greifbar sind.

Ich begann zu begreifen, wie elementar die Auswirkungen des Denkens sind. Meine Engel sagten einmal: „Wenn ihr fähig wäret zu sehen, was Gedanken in eurem Energiefeld bewegen, ihr würdet nie wieder negativ denken." Es klang logisch. Hat doch jeder Mensch seine ganz eigene Schwingung. Und Aurasichtige sehen bei Menschen, die ständig negativ eingestellt sind, eine dunkelgraue Wolke um deren Körper. Ihr ganzes Lichtfeld ist davon erfüllt, und wenn nun jemand, der lichtvoll ist, mit so einem Menschen Umgang pflegt, kann es geschehen, dass Teile dieser dunklen Wolke sich an das Lichtfeld des anderen hängen. Der versteht dann oft nicht, weshalb er sich plötzlich so müde und ausgelaugt fühlt oder er momentan genau so aggressiv reagiert, wie der andere es zuvor getan hat. Ich habe das oft und oft selbst erlebt und wahrgenommen. Und egal, welches Seminar ich besuchte, ich erfuhr immer wieder, dass ich Freude leben soll, mit mir selbst geduldiger sein und nicht hadern, wenn etwas sich nicht zu dem Zeitpunkt zeigt, wo ich es erwarte. Im Wort selbst ist bereits die Aussage inbegriffen: warte! Es geht in meinem Leben darum, zu mir selbst zu stehen; durch mich selbst zu *sein,* beginnen, in mir zu ruhen und das eigene Ich zu transformieren. Das zu leben, was ich bin. Von nichts und niemand abhängig zu sein, um zu einer persönlichen Vorstellung von jemand kommen zu müssen. Meine Gefühle bejahen und annehmen, mich neu entscheiden, wann immer ich das Bedürfnis danach verspüre, denn Leben ist Wandel und Veränderung. Ein ständiges Fließen.

Immer dann, wenn ich glaube, mir fehlt etwas, habe ich ein körperliches Problem, das mir das aufzeigt. Dann öffne ich mein Herz für mich, für meine Verletzlichkeit und gehe da hinein, wo meine Seele mich führt – in meine innerste Göttlichkeit – in meine Heimat. Ich habe alles in mir, das ganze Universum mit all seinen Möglichkeiten, Energien und Wahrheiten. Ich muss es nur *glauben!* Es geschieht, wenn ich mich vollkommen meiner inneren Stimme, dieser Göttlichen Führung überlasse.

Tag für Tag in Jammern, in Opferrollen und im Leid unterzugehen und sich darin aufzuhalten, hilft nichts. Das bringt keine Veränderung, es verstärkt nur das Ganze, denn die Energie folgt der Aufmerksamkeit. Veränderung geschieht nur, wenn man bereit ist, in Eigenverantwortung in sein Innerstes zu schauen und das abändert, was einem belastet. Wenn man bereit ist, über den Tellerrand zu blicken, neue Dinge zu tun, sich neue Sichtweisen anzueignen. Denn nur so kann man die eingefahrene Spur des Lebens verlassen, die einen dahingeführt hat, wo man zum Zeitpunkt des Jammerns steht.

Diese Erfahrungen macht wohl jeder von uns, doch es kommt darauf an, ob man in dieser Energie hängenbleibt oder sich daraus befreit. Mit eigener Kraft, sich der Macht bewusst zu sein, die in einem schlummert und die hilft, selbst aus einengenden Verhaltensmustern auszusteigen. Wir haben alle unsere Licht- und Schattenseiten in uns. Keiner von uns ist frei von Fehlern. Wir sind Menschen. Gott sei Dank! Niemand braucht sich zu verurteilen für Dinge oder Emotionen, die nicht „lichtvoll" sind, es sind Erfahrungen auf unserem Weg. Wenn wir erkennen, dass wir solche Erfahrungen nicht mehr benötigen, nicht mehr wollen, liegt es an uns, dies zu ändern. Das kann zu jeder Zeit geschehen. Danach ohne Bedauern das Alte gehen lassen und offen sein für das Jetzt.

Ich habe alle diese Stufen durchlebt.

Es war ein Herantasten an Fähigkeiten, die ich nicht in mir vermutet hätte, die mich aber von Stufe zu Stufe glücklicher und freier machten. Die Dinge zu leben und auszudrücken, über die man früher nicht einmal einen Gedanken verschwendete, wie: sich vollkommen für Signale aus dem innersten Selbst zu öffnen. Das eigene Bauchgefühl nach Antworten zu befragen und es zu wagen, ihm zu folgen. Sich zugestehen, so zu leben, wie man wirklich leben möchte, in Harmonie mit seinem tiefsten Sein. Ins Leben kommen. Liebe sein. Mit sich selbst und seinem Umfeld im Reinen sein. Vor allem natürlich mit dem Menschen, der einem am nächsten steht – der Partner/die Partnerin, der einem in allem zur Seite steht. Jener Mensch, der Höhen und Tiefen mit dir teilt, der mit dir die höchsten Gipfel der Lust und Freude erklimmt, der dich an sich drückt, wenn das Schwert der Vergänglichkeit über deinem Kopfe schwebt. Der über deine Schwächen hinwegsieht und sich mit dir über deine Erfolge freut. Jener wundervolle Mensch - dein Partner, deine Partnerin – die dein Herz erwählt hat, und dem du verbunden sein willst, komme, was da kommen mag.

Einige Zeit vor unserem fünfzigsten Ehejubiläum unterhielten wir uns beim Frühstück über die Zeit unseres Kennenlernens. „Weißt du noch, damals…

Ich seufzend: „Das waren noch Zeiten, als ich rank und schlank war und keine einzige Falte sich in meinem Gesicht breitgemacht hat“, und mein Gatte mich daraufhin mit großen unschuldigen Augen anschaute und todernst behauptete: „Was du immer hast. Du siehst doch immer noch so aus wie damals.“

Das ist Liebe! Liebe altert nie!

Dieser, von ihm ernst gemeinte Liebesbeweis motivierte mich aus Anlass unserer goldenen Hochzeit, als wir am Altar jener Wallfahrtskirche standen, in der wir geheiratet haben, zu ihm zu sagen:

Mein lieber Mann,

wir zwei stehen hier allein vor dem Altar, an dem wir uns vor genau 50 Jahren Liebe und Treue geschworen haben, wie auch in guten und in schlechten Tagen füreinander da zu sein.

Mit viel Hoffnung und Zuversicht standen wir, so wie jetzt, vor dem Altar und die Zukunft schien ein einziger Glücksmoment zu sein. Wir konnten uns damals nicht vorstellen, wie es 50 Jahre später sein würde. Würde vielleicht einer von uns zu diesem Zeitpunkt nicht mehr leben? Würden wir noch in einer harmonischen Gemeinschaft sein? Würde unsere Ehe mit Kindern gesegnet sein? Wenn ja, würden aus ihnen Menschen werden, warmherzig, mit guten Charaktereigenschaften ausgestattet, selbstbewusst und voller Respekt anderen gegenüber? Würde unsere Liebe dem Alltag und den Versuchungen standhalten können, die unweigerlich in so vielen Jahrzehnten an uns herangetragen werden?

Heute - 50 Jahre später – gibt es auf all diese Fragen die Antwort: JA!

Wir haben es beide geschafft, dass unsere Ehe bis zum heutigen Tage und wie ich denke, auch noch lange darüber hinaus, harmonisch ist. Voller Liebe, und geprägt von gegenseitigem Respekt.

Dafür sage ich dir Dank: Für unsere beiden Kinder, die so geworden sind, wie Eltern es sich nur wünschen können.

Dafür, dass du ihnen ein liebevoller Vater warst, der stets nur das Wohl der Seinen im Auge hatte.

Dafür, dass du geduldig, verständnisvoll, großzügig, tolerant, liebevoll und in jeder Beziehung menschlich geblieben bist.

Dafür, dass du mir in schweren Zeiten zur Seite gestanden bist.

Natürlich gab es in all den Jahren auch Stunden, Tage und Vorkommnisse, die mir nicht gefallen haben, weil du zu sehr auf deinem Standpunkt beharrt hast. Doch haben wir es immer wieder verstanden, das Gemeinsame vor das Trennende zu stellen. Und ich habe im Laufe der Zeit gelernt Kontra zu geben, sodass ich dir auch nichts schuldig geblieben bin.

Die Zeit nach dem Ende unseres beruflichen Wirkens, zählt für uns beide wohl zu jener Zeit, in der wir das Leben mit allen Sinnen genießen können. In der wir, wie die Jahre zuvor, zwar auf engstem Raum beieinander sind, wo aber doch jedem sein Freiraum zugestanden wird, den er für seine weitere Entwicklung braucht.

Wir haben in den letzten 20 Jahren angefangen, unser Denken umzustellen. Dass du meine Suche nach dem, was meine Seele will, mit voller Kraft unterstützt und dich ihr angeschlossen hast, ist auch etwas, wofür ich dir von Herzen danke.

Zu wissen, dass da jemand neben mir ist, der, trotz aller Unterschiede zwischen Mann und Frau, im Denken, Handeln und Fühlen mit mir auf einer Wellenlänge ist, ist eine Gnade.

Ich möchte hier und heute in dieser geheiligten Energie vor dem Altar meine Dankbarkeit ausdrücken:

Dem Göttlichen Vater für die Gnade meines Lebens. Der Göttlichen Mutter für ihre Führung, Liebe, Fürsorge und Segen!

Meinem Lebenspartner und unseren gemeinsamen Kindern, meinen Eltern für all die Erfahrungen, auch die schmerzlichen, die mein Leben bereicherten. Sie ließen mich meinen Lebensplan durch ihre Spiegelungen erkennen.

Danke allezeit für Göttliche Führung, Sicherheit und für den Frieden, in dem ich leben darf.

Fünfzehn Empfehlungen meiner Engel:

Partnerschaft drückt nicht nur Ehe, gegenseitige Verpflichtungen und Versprechungen aus. Sie bedeutet, dass Menschen sich dazu entschließen, gemeinsam einen Weg zu gehen, der ihnen verheißungsvoll erscheint. Im „alten“ Denken heißt dies: an einer Zweisamkeit festhalten, wie immer sich diese mit den Jahren entwickelt. „Bis dass der Tod euch scheidet“ ist ein Glaubenssatz, der euch durch religiöse Anschauung vermittelt wird. Er ist nicht unsere Wahrheit.

Wir gewähren jeder Seele die Freiheit, sich für einen Partner oder Partnerin zu entscheiden und diese Gemeinsamkeit solange aufrechtzuerhalten, wie dies ihrem Herzenswunsch entspricht. Ihr seid auf diese Welt gekommen, um eure gewählten Lernprogramme zu meistern, nach dem Vorbild eurer Blaupause, die ihr mit den Mitgliedern eurer Seelenfamilie erstellt habt.

Ihr wähltet – in groben Umrissen – Partner, Beruf, Familie, Beziehungen, Erfahrungen und Lektionen aus. Ihr folgt in eurem Lebensweg dem roten Faden, der euch mitgegeben wurde. Es liegt an euch, wie sehr ihr euch im Laufe eures Lebens von den Illusionen und Manipulationen eures Umfelds und der globalen Suggestion beeinflussen lässt, was euch den roten Faden aus den Augen verlieren lassen kann. Als Folge dessen kann es passieren, dass ihr euch Partnern/innen zuwendet, die euch weiter und weiter von eurer gewünschten Lebensbahn abdriften lassen.

Wir gewähren in Liebe, was immer ihr für euer Leben wählt. Ob ihr Umwege in Kauf nehmen oder ob ihr gezielter eurem Lebensfaden folgen wollt. Ihr habt euch vor der Geburt schon entschieden, welcher Weggefährte euch am meisten behilflich sein kann, um euren gewählten Lebensentwurf zu folgen. Ihr wähltet sie nach den Gesichtspunkten aus, wie sie euch in mancherlei Hinsicht den Spiegel vorhalten können, damit ihr erkennt, welche Eigenschaften und Gefühle in euch selbst vorhanden sind, die ihr nicht anschauen wollt. Das, was euch beim anderen ärgert oder zornig macht, ist etwas, was tief in euch ein Gefühl oder eine Eigenschaft anspricht, die ihr noch nicht harmonisiert habt. Seid daher nicht ungehalten, wenn euch die Wahrheit vor Augen geführt wird.

Und vergesst nicht: Eure Partner sind nicht euer Eigentum. Gewährt ihnen den Freiraum, den er/ sie für die eigene Bewusstseinsentwicklung benötigt, um der vorgegebenen Blaupause folgen zu können.

Partnerschaft in der Neuen Zeit bedeutet, dem anderen das Gefühl zu geben, er sei in jeder Beziehung ebenbürtig und frei, seine Herzensbedürfnisse zu leben. In einer Lebensgemeinschaft, ob ihr eine kurze oder lange Spanne Zeit eingeräumt wird, sollte keiner der Beteiligten sein eigenes Leben aufgeben. Sollte niemand seine Bedürfnisse hintanstellen, um dem anderen zu dienen.

Partnerschaften in der Neuen Zeit werden von einem Band gehalten, das sich lose um zwei Menschen schlingt. Ein Band, das die Liebe von Vater/Mutter Gott beinhaltet, wie auch unsere Empfehlungen, die euch zu einer harmonischen Partnerschaft im Goldenen Zeitalter führen möchte. Dieses Band grenzt weder ein noch hält es fest, was nicht festgehalten werden möchte. Ein Band, das jedem Paar die Wahl lässt, ob sie an einem Strang ziehen, jeder für sich an einem Ende festhalten möchte oder ob sie sich nur des Bandes bewusst sein wollen.

Zu wissen, dass es auf das Herzensbedürfnis beider reagiert und akzeptiert, was ist. Lasst uns euch einige Hilfen mit auf den Weg geben, der eure Beziehungen auf eine neue Art beleben kann.

Das Band der Neuen Partnerschaft ist ausgestattet mit den 15 Empfehlungen der Engel, die wir im Einzelnen jetzt genauer beschreiben.

Erste Empfehlung: Sich für Gefühle öffnen.

Sich auf die lichtvolle geistige Welt einzulassen bedeutet, für Veränderung offen zu sein. Heutzutage sind immer mehr Menschen bereit dafür. Meistens sind es die Frauen, die einen leichteren Zugang zu spirituellen Erkenntnissen finden als Männer. Doch immer mehr Männer sind auf dem besten Weg die weibliche Energie in ihrem Leben zuzulassen, um so beizutragen, dass die alte Energie des kriegerischen Denkens sich von diesem Planeten lösen kann. Sie sind bereit umzudenken und Gefühle zuzulassen, ja, sie sogar öffentlich zu zeigen. Das ist wunderbar und führt zu einem neuen Verständnis in der Partnerschaft.

Tiefes Verstehen zu fühlen, ist der Schlüssel zu Erkenntnis und zur eigenen Meisterschaft. Wenn ihr eurem Höheren Selbst erlaubt die Führung zu übernehmen, werdet ihr ein inneres Erwachen eures Bewusstseins erleben, das euch erlaubt, die Dinge anders zu sehen, als ihr es bis jetzt getan habt.

Lasst alles los, was nicht mit eurer Herzensempfindung übereinstimmt. Beginnt aus eurem eigenen Sein heraus zu leben, zu suchen und alles zu hinterfragen. Vergesst bei all dem jedoch nie, dass ihr zwar Partner, aber immer eigenständige Seelen seid. Die Würde jedes Menschen besteht darin, Führer seines eigenen Lebens zu sein und nicht nach jemandem Ausschau zu halten, der ihm sagt, was er tun soll.

Zweite Empfehlung: Öffnen für neue Sichtweisen.

Es kann einfach nicht ausbleiben, dass sich Menschen, die sich mit Spiritualität zu beschäftigen beginnen, verändern. Nur das Ausmaß der Veränderung ist unterschiedlich. Der eine beginnt sich zurückzuziehen und macht vieles mit sich selber aus, während andere meinen, sie müssten jetzt die ganze Welt mit ihrer neugewonnen Weisheit belehren, und andere wiederum festigen das in ihrem Wesen und in ihrer Seele, was sie durch Führung spüren.

Jeder Weg führt zum Ziel, wenn auch manches Mal erst durch Umwege. Doch es gibt keinen falschen Weg und keinen besseren Weg. Denn jeder Weg hält für den, der ihn geht und für die, die damit konfrontiert werden, Lektionen bereit, die sie sich vorgenommen haben zu bewältigen.

Eine entwickelte Seele wird intensiver ihr Leben gestalten, als eine, die blockiert ist.

Gott gestattet allen Seelen sich so auszudrücken, wie sie möchten, und er liebt sie bedingungslos, egal wie verschieden sich ihr Lebensausdruck zeigt.
Bringt Verständnis für das Denken anderer Menschen auf, denn dies heißt, bedingungslos zu lieben.

Wir raten euch, die Einstellung eurer Partner zu akzeptieren. Sie ist das, was deren Denken entspricht. Jeder von euch hat ein eigenes Lernpensum. Wer das nicht akzeptieren kann, sollte das hinterfragen, ohne zu bewerten.

Gebt eurem Leben, eurer Partnerschaft eine neue Wertigkeit. Erkennt, was wirklich wichtig ist und was nur eurem Ego oder dem „Gut-dastehen-Programm" dient. Geht in die Tiefe und lasst euch nicht länger von Oberflächlichkeit blenden. Brecht aus alten Schienen aus und lasst neue Sichtweisen zu – in jeder Beziehung! Belebt euer Sexleben neu, stellt euch auf den Partner ein und beginnt, euch mehr und vor allem liebevoller zu berühren. Wahre Liebe, erfüllter Sex gehören zu eurem Leben. Es zu unterdrücken kann krank machen.

Vielen von euch fehlen die Berührungen, die einander so viel geben könnten. Euren Haustieren gebt ihr bei jeder Gelegenheit Streicheleinheiten. Macht dies auch gegenseitig. Vergesst nicht das Leben, nur weil ihr euch in die Spiritualität vertieft. Nicht nur meditieren, sondern auch leben und liebkosen!

Dritte Empfehlung: ***Die neuen Erkenntnisse umsetzen.***

Bringt Verständnis für euch selber auf, wenn es nicht gleich gelingt, das Neue umzusetzen. Bedenkt, wie viele Jahre ihr Wert darauf legtet, vor anderen „gut dazustehen". Ihr habt euch eurem Umfeld angeglichen, um nicht als Außenseiter zu gelten. Ihr strebt nach Erfolg, nach Anerkennung, wie dies alle anderen auch tun. Doch solange ihr daran festhaltet, könnt ihr nicht wachsen. Ihr könnt neue Erkenntnisse nur umsetzen, wenn ihr loslässt, was euch ständig beschäftigt. Wenn ihr bereit seid zu erkennen, dass es außer dem Gewohnten und für euch so Wichtigem etwas gibt, das besser und heilender für euer gesamtes Leben ist, als all das, was gang und gäbe ist. Erkenntnisse umsetzen bedeutet, Altes loszulassen und sich auf das Neue eizulassen ohne zuvor ein Sicherheitsnetz zu spannen.

Es bedeutet, im Vertrauen auf die Göttliche Führung zu sein. Es kann euch nichts geschehen, wenn ihr dem Drängen eurer Seele nachgebt und euch von ihr führen lässt. Eure Seele lässt es euch spüren, wenn es Zeit ist still zu sitzen, dem Gesang der Vögel zu lauschen und so wieder Kraft zu tanken für euer Tagwerk. Nicht immer hetzen und dem Erfolg oder einer neuen Liebe nachjagen. Spürt dagegen mehr die Liebe zu euch selbst. Werdet euch ihrer bewusst. Seid offen für die Selbstliebe. Sie ist der Grundpfeiler, auf dem ihr alle weiteren Erkenntnisse aufbauen könnt. Ihr werdet dadurch nicht die Liebe zueinander hintanstellen. Doch wir raten euch, nehmt das wunderbare Wesen Mensch an, das jeder von euch ist und genießt es, euch selbst Gutes zu tun. Das schmälert nicht das Zusammenleben mit dem anderen.

Das eigene Wachstum lässt euch fröhlicher und ausgeglichener sein, was wiederum dem anderen Partner zugutekommt. Beginnt die eigene Schönheit zu würdigen, die sich nicht nach Äußerlichkeiten richtet, sondern entdeckt das Einmalige in euch. In jedem von euch. Seine eigene Wertschätzung zu entdecken und zu steigern heißt nicht, den anderen links liegen zu lassen. Es heißt, nach Selbstachtung zu streben, sich selbst mit Achtung zu begegnen und zuzulassen, dass jeder seine eigenen Lernschritte zu bewältigen hat.

Gebt der Selbstliebe den nötigen Raum in eurem Leben, und ihr werdet erkennen, dass euer gemeinsames Leben dadurch nur bereichert werden kann, weil ihr dann andere auch lieben könnt. Im Zusammenleben einer Partnerschaft gibt es auch immer wieder Gelegenheiten über den Dingen zu stehen. Tut das.

Nehmt des Öfteren einen anderen Blickwinkel ein. Das wird euren Beziehungen gut tun.

Vierte Empfehlung: ***Räume der Zeit schaffen.***

Jeder von euch benötigt häufig Zeit für sich. Eure unterschiedlichen Lebensaufgaben beinhalten nicht nur die Fürsorge für eure Lieben, sondern auch die, das eigene Seelenwachstum voranzutreiben. Ihr habt euch in diesem Leben vorgenommen, in einer von Männern dominierten Zeit Eigenermächtigung zu leben und Herzensöffnung zu einem wichtigen Bestandteil eures Seins zu machen.

Jede Seele ist hier, um Erfahrungen zu machen. Gute genauso wie schlechte. Jeder von euch braucht auch das Negative in seinem Leben. Denn nur daran reift ihr. Das benötigt ihr für eure Entwicklung. Wenn ihr aus Fürsorge zu anderen bestimmte Lektionen und Erfahrungen, die ihr euch zu bewältigen vorgenommen habt, nicht machen könnt, bedeutet das, dass sie zu anderen Zeiten – in einem anderen Leben – nachgeholt werden müssen, denn ihr habt nun einmal bestimmte Lektionen gewählt, um damit das eigene Wachstum voranzutreiben.

Es ist Zeit, für beide Geschlechter, damit zu beginnen!

Wir raten euch in dieser Beziehung, hört auf eure innere Stimme. Wir sprechen durch sie zu euch! Über diese Gefühle wollen wir euch ins Bewusstsein bringen, was wichtig ist. Das kann sein, dass ihr euch öfter etwas Gutes gönnen sollt, ohne schlechtes Gewissen.

Wir appellieren an euch, die Entscheidungen eurer Partner/innen nicht von vornherein abzulehnen. Denn jeder wird von seiner inneren Führung zu der Aufgabe geführt, die er oder sie sich vorgenommen haben.

Jeder Weg ist der richtige!
Ihr habt die Auswahl unter vielen Wegen und ihr solltet sie nützen. Wenn ihr auf euer höheres Selbst hört, werdet ihr automatisch den für euch richtigen Weg einschlagen. Ihr spürt die Stimmigkeit an der Freude in eurem Herzen. Das wird dann eine Route ohne Umwege und Stolpersteine sein. Doch wie auch immer eure Wahl ausfällt, ihr solltet sie nicht bewerten, sondern dankbar sein, dass es Gelegenheiten zum Lernen und Wachsen sind.

Bei welchem Tun ein Partner seine Erfüllung findet, sollte frei von eurer Kritik sein, so lange er/sie dabei glücklich ist, und niemanden etwas zugemutet wird, das ihm in der Seele zuwider ist. Was immer jemand mit Freude ausdrückt, in der Partnerschaft, im Beruf oder in der Kreativität, sollte seiner Sehnsucht entsprechen. Einer Sehnsucht, das zu fühlen und auszudrücken, wofür er auf diese Welt gekommen ist. Nur wer frei von Zwängen und mit Toleranz sein Leben gestalten kann, wird seine Schöpferkraft in vollem Ausmaß ausdrücken können. Nur wer in der Lage ist, sich Räume der Zeit zu erschaffen, wird dem Ruf seiner Seele folgen und der Sehnsucht nachgeben, sein wahres Ich zu erwecken. Fragt euch immer wieder:

„ Bin ich glücklich, so wie ich lebe?“

„Tue ich das, was ich liebe?“

„Lebe ich mein Leben oder das anderer?“

Wer sich Räume der Zeit erschafft, wird sich die Zeit für Stille nehmen; die Zeit für Träume und für deren Verwirklichung; die Zeit, sich selbst zu lieben und zu würdigen. Sich die Zeit zu nehmen, sich die Zukunft als jemand auszumalen, der mit sich im Frieden und im Gleichgewicht ist, der sich liebt und annimmt, so wie er ist, der nicht im Außen nach Anerkennung sucht.

Ihr solltet von eurer eigenen Größe überzeugt sein und wissen, dass es nichts ausmacht, wenn „ Fehler“ passieren. Erfahrungen sind das „Fehlende“, was die Seele zum Wachstum braucht. Das ist euer Menschsein. Es kommt darauf an, dass ihr lebt, was ihr seid und fühlt! Dass ihr euch zu spüren beginnt und auf das hört, was in euch vorgeht und durch euch ausgedrückt werden möchte.

Nehmt euch Zeit für die eigene Bedürftigkeit. Das ist so wichtig, damit ihr gesund an Körper, Geist und Seele bleibt. Es ist ausschlaggebend, damit ihr darüber nachdenkt: Wie behandele ich mich selbst; meinen Körper, wie denke über mich selbst und über meine Partnerschaft.

Setzt eure Schöpferkraft in der Beziehung ein, um in euch verborgene Talente hervorzuholen. Genießt die körperliche Nähe, so oft ihr könnt. In der Verbundenheit miteinander - ohne sich gefesselt zu fühlen – seid ihr lebendig, kreativ und schöpferisch.

Öffnet euch für Dinge, die euch ansprechen und spirituell weiterbringen. Talente sind Teil eures Lebensplans, daher werdet ihr auch in der Partnerschaft immer von eurer inneren und geistigen Führung in eurem gegenseitigen Ausdruck geführt werden.

Hört auf eure Gefühle, lasst euren Verstand ein Stück zurücktreten und öffnet euer Herz für all jene Dinge, die es erfreuen. Wenn ihr wirklich bereit seid, die neuen Erkenntnisse eurer Partnerschaft zu übernehmen und euch ohne Bewertung und Einengung zu lieben, wird sich euer Leben grundlegend verändern. Ihr könntet dadurch zum Beispiel beginnen, eine viel bewusstere Kommunikation mit uns Engel aufzubauen. Macht einen Versuch. Ihr werdet unsere ganze Liebe spüren.

Wir empfehlen euch: Öffnet euch für die Belange eurer Seele, denn sie sind für eure Bewusstseinserweiterung wichtig. Ihr habt so viele Gaben in euch, sie müssten nur erweckt werden. Wir helfen jedem, der es möchte, die Türen zu öffnen. Nur durch sie hindurch gehen müsst ihr selber. Ihr wisst: „Klopfet an, so wird euch aufgetan!“

Steht zu eurer Schöpferkraft, lebt sie und liebt euch, so wie ihr von uns geliebt werdet.

Frauen sind diejenigen, die die Energie in Bewegung halten und weitertragen. Wenn Männer beginnen, dies auch in ihrem Leben umzusetzen, werden sie ihre Einstellung den Frauen gegenüber verändern. Sie werden nicht mehr in Frage stellen, dass es das gute Recht ihrer Partnerinnen ist, sich spirituell weiterzuentwickeln, wo und wie immer sie das tun möchten.

Wir wissen, wie sehr die Frauen darauf warten. Ihr Männer werdet überrascht sein, wie viel Verständnis und Toleranz Frauen eurem Wachstum entgegenbringen können. Eine Partnerschaft kann dadurch nur gewinnen, denn sie wird dann einfacher und segensreicher sein. Jeder von euch wird dadurch in der Lage sein, zu den größeren Möglichkeiten von sich selbst zu erblühen.

***Fünfte Empfehlung:* Mit den Augen der Liebe sehen.**

Das Leben an sich, mit all seinen Ausdrucksformen, ist einfach. Kompliziert wird es nur durch euer Denken! Ihr wisst, dass ihr alles, was euch widerfährt, mit eurem Denken in euer Leben holt. Und wenn Dinge für euch kompliziert scheinen, dann sind sie es auch, denn mit eurer Fokussierung darauf, festigt ihr sie.

Hinter manch eurer Sorge, nicht genügend Respekt von anderen zu bekommen, steht das Ego. Das Ego ist im Allgemeinen bei Männern stärker ausgeprägt als bei den Frauen. Dies, weil sie all die Jahrhunderte zuvor, sich als Ernährer, Weltengestalter und Kriegsherrn sich behaupten mussten und diese Einstellung noch zum Teil in ihren Genen gespeichert haben.

Doch wir können es nicht oft genug wiederholen, es ist eine „Neue Zeit“ angebrochen. Lichtvolle Energien durchziehen euren Lebensraum und eure Körper. Sie bewirken, dass immer mehr Menschen sich auf die Suche begeben und die bisher gültigen Aussagen hinterfragen wollen. Auch immer mehr Beziehungen werden dadurch auf die Probe gestellt. Es ist in eurer Gesellschaft noch nicht so selbstverständlich, dass beide Partner bereit sind, spirituell an sich zu arbeiten und dem anderen den dazugehörigen Freiraum zu gestattet. Wenn jeder die Liebe zu sich selbst empfindet, das lebt, was er braucht und fühlt und seine Partnerschaft auf die Herzensebene stellt, tritt eine größere Harmonie und ein tieferes Glücksgefühl in allen Bereichen seines Lebens ein.

Wenn die Wunden der Vergangenheit geheilt werden und jeder in seiner Beziehung das Gemeinsame vor das Trennende stellt, wird alles, was den Partner/in ausmacht, mit anderen Augen gesehen. Verständnis, Toleranz, Akzeptanz, Mitgefühl, Verbundenheit sind in der Neuen Gemeinschaft keine leeren Worte, sie sind Teil des gelebten Alltags. Auch wenn nicht immer die Sonne scheinen kann, so wird doch durch das Neue Verständnis eine andere Grundlage geschaffen, um mit Schlechtwetter und Stürmen, die in jeder Beziehung vorkommen, besser umgehen zu können.

Ihr könnt euer Frausein, eure Männlichkeit auch ausdrücken, indem ihr alles was ihr tut, hört, seht und denkt, mit den Augen der Liebe betrachtet. Wenn ihr das tut, wird das Gesetz der Anziehung darauf reagieren und euch genau dieselben Eigenschaften zurückbringen. Dies wird eure Partnerschaft mehr bereichern können, als jede Form von egobehafteter Anerkennung.

Sechste Empfehlung: ***Kinder sind die Hilfe des Himmels.***

Bringt Verständnis für eure Nachkommen auf, sie unterstützen euer Wachstum und bereichern eure Partnerschaft. Für Eltern ist es nicht immer leicht, ihre Kinder zu verstehen. Sie selbst sind in einer anderen Zeit groß geworden und glauben oftmals, dass ihre Kinder die gleiche Weltsicht haben müssten wie sie. Doch nur weil die Eltern ihre meist hart erworbenen Erkenntnisse für richtig und bewährt halten, müssen sie für ihren Nachwuchs nicht automatisch auch die Richtigen sein.

Wir sagen euch, eure Kinder sind nicht auf diese Welt gekommen, um so zu werden wie ihr es seid. Sie sind eigenständige Seelen und haben sich ihre eigenen Lernerfahrungen ausgesucht, ehe sie auf diese körperliche Ebene gekommen sind. Sie sind hier, um ihr eigenes Weltbild zu erstellen, das gänzlich andere Schwingungserfahrungen beinhaltet. Viele Kinder der Neuen Zeit kommen bereits mit außergewöhnlichen Fähigkeiten auf die Welt. Sie sind weit entwickelte Wesen, die euch dabei unterstützen, in das Goldene Zeitalter hineinzuwachsen und Liebe und Frieden zu leben.

Wenn ihr euren Kindern nicht gestattet, ihr Leben so zu führen, wie es ihrer Blaupause entspricht, dann werden sie vielleicht mitspielen, um euch zufrieden zu stellen, aber sie werden dabei nicht glücklich sein. Wenn Kinder sich den Erwartungen ihrer Eltern anpassen, statt das zu tun, was ihnen Freude bereitet, werden sie niemals die Freiheit und die Leichtigkeit in ihrem Tun und später in ihrer Partnerschaft ausdrücken, die sie nur entdecken können, wenn sie die Macht ihrer eigenen Schöpferkraft erkennen.

Eure Kinder suchen sich zum Teil sehr gravierende Erfahrungen aus, die sie selber, aber auch die Eltern oft an den Rand des "Ertragbaren" führen lässt. Sie sind sehr oft eine Herausforderung für Eltern und Lehrer. Das ist Teil ihrer Ausrichtung, für die sie sich in der geistigen Heimat entschieden haben. Sie wollen damit ihrer Umwelt den Spiegel vorhalten. Den Menschen in ihrem Umfeld helfen, den Wert der Vielfalt zu erkennen, damit diese lernen zu akzeptieren.

Akzeptieren heißt, bedingungslos zu lieben! Seht diese Lektionen von einem höheren Standpunkt aus!

Wenn Eltern ihr eigenes Wohlbefinden vom Verhalten ihrer Kinder abhängig machen, begeben sie sich in das Kontrolldenken. Mit diesem Denken jedoch stellen sie sich außerhalb von Liebe und Leichtigkeit und werden niemals zu einem harmonischen Miteinander kommen.

Kein Mensch ist auf die Erde gekommen, um alles Existierende zu beurteilen und auf das, was er für gut befindet, zu reduzieren. Jeder möchte die Vielfalt dessen, was diese Welt ihm an Erfahrungen und Lektionen bieten kann, so gut es geht, auskosten. Jeder möchte die ganze Palette von Ideen, Situationen und Ereignissen, von Beziehungen und Erfahrungen erkunden, weil dies eurer Schöpferkraft entspricht, die ihr in eurer ganzen Breite ausdrücken möchtet.

Gesteht daher auch euren Kindern ihre Eigenständigkeit zu, auch wenn es schwer fallen mag, weil es vielleicht nicht dem gewohnten Denken entspricht. Die Entfaltung und der Ausdruck einer Seele enden niemals. Die Seele kann aber auch nicht scheitern, weil der Weg zur Vollkommenheit ein Weg ist, der niemals endet, außer im Verschmelzen mit Gott.

Bis es zu dieser Vereinigung kommt, wird jeder Seele genügend Raum geboten, um zu lernen und zu akzeptieren. Gott gab jeder Seele die Schöpferkraft mit auf ihrem Weg. Diese Kraft ist es, die die Seele zu ständiger Evolution inspiriert. In diesem Leben vielleicht zu einem anderen Empfinden von Sexualität, zu einem womöglich rebellischeren Ausdruck gegen Bestehendes oder zu einer für das Umfeld schrecklich anzusehenden langsamen Sich-Selbst-Aufgabe, weil die gewählte Lebenslektion für diese Seele ein für ihr menschliches Denken unüberwindbares Hindernis darstellt. Diese Seele wird in einem anderen Leben die gewonnenen Erkenntnisse im neuen Licht sehen und bereit sein, die Erfahrung konstruktiver zu sehen.

Menschen werden geboren, um Dinge zu erträumen und sie mit ihrer Schöpferkraft zu verwirklichen. Von einem Leben zum anderen wird euch diese Möglichkeit geboten. Nutzt sie, um schöne Dinge zum Wohle eures Herzens zu manifestieren und um damit eure Freiheit auszudrücken.

Die Freiheit einer eigenständigen Seele. Die Freude, alles Erlebbare mit der Kraft eurer Gedanken in euer Leben zu ziehen.

Und die Liebe zu fühlen, die in allem innewohnt, das beseelt ist.

Siebente Empfehlung: ***Intensiviert eure Zusammengehörigkeit.***

Wenn ihr bereit seid, in eurer Beziehung neue Wege zu gehen, so trauert nicht den Zeiten nach, in denen ihr noch im alten Denken verhaftet ward. Ihr musstet euch erst selber besser kennenlernen, eure Schöpferkraft aktivieren und annehmen, dass ihr für euer Leben, für eure Beziehungen selbst verantwortlich seid. Ihr wisst, dass ihr niemand anderem mehr die Schuld zuschieben könnt, wenn etwas nicht nach euren Wunschvorstellungen läuft. Klebt nicht an der Vergangenheit, befreit euch vom Opferdenken und vom Selbstmitleid.

Wisst, dass zwei Menschen, die in Liebe, in Respekt und in Achtung zueinander eine Partnerschaft eingehen, Kraftquelle für ihr ganzes Umfeld sein können. Mit ihrem Vorbild helfen sie den Kindern ihre Visionen zu verwirklichen, ihren anderen Familienangehörigen ein positives Beispiel zu geben und der Welt zu zeigen, dass es auch anders gehen kann.

Dass es Sinn macht, sich für Gefühle und Veränderung zu öffnen. Dass ein spirituelles Leben nicht bedeutet, außerhalb der Masse zu stehen, sondern anderen zu vermitteln, wie sehr ihr mit allem verbunden seid, was ist. Ein neues Zusammengehörigkeitsgefühl wird dazu beitragen, dass erkannt wird, dass in den Veränderungen Entwicklung liegt, dass eine Partnerschaft ein Prozess und kein Zustand ist; dass vergeben nur jemand kann, der liebt.

Und dass Liebe der rote Faden ist, der sich durch jedes Leben zieht. Dass jenes Band, das zwei Menschen zusammenhält, eines ist, dass ihnen die Möglichkeit bietet, sich auf neue, andere Art zu entfalten.

Wodurch der Seelenplan im achtungsvollen Umgang miteinander jene heilende Kraft entfalten kann, die benötigt wird, damit Liebe in großen und kleinen Dingen zum Ausdruck gebracht werden kann.

Achte Empfehlung: **Drückt eure Dankbarkeit aus**

Dankbarkeit ist neben der Liebe ein Schlüssel für den Aufstieg. Sie bereichert auch eure Partnerschaft. Eure Schwingungsfrequenz wird sich rasant erhöhen, wenn ihr Danken zu einem Bestandteil eures Lebens macht. Wenn ihr für alles dankbar sein könnt, was sich in eurem Leben zeigt, beweist das Bewusstseinsveränderung. Nicht nur dankbar zu sein für Dinge, die Freude bereiten, sondern auch zu erkennen, dass Dinge, die euch das Leben schwer machen, zu eurem Wachstumsprozess gehören, für die ihr Dankbarkeit empfinden solltet.

Ihr wisst, ihr habt sie euch selber ausgesucht, um daran zu reifen, und ihr zieht alle Dinge durch euer Denken ins Leben. Ihr seid Teil eines weltumspannenden Energiepools, aus dem jeder Mensch das schöpft, was er in seinem Leben haben will. Ist etwas nicht nach seinem "Geschmack", so macht nicht die anderen oder gar Gott dafür verantwortlich, sondern ändert eure Einstellung und holt euch mit Umdenken das zu euch, was euch Freude macht.

So einfach ist es!

Kompliziert wird alles nur, wenn der Mensch glaubt, er müsse mit seinem rationalen Denken alles nach seinem Weltbild erschaffen beziehungsweise zurechtrücken.

Seid bereit für Herz- und Seelenöffnung. Damit öffnet ihr jenes Tor, durch das der Himmel in euch eintreten und sich auf der materiellen Ebene ausbreiten kann.

Neunte Empfehlung: **Lasst eure Sorgen um den Partner los**

Sorgen in der Partnerschaft bedeuten Stillstand, sowohl in der Beziehung als auch für das eigene Wachstum. Sich ständig Sorgen um den anderen zu machen, bringt euch nicht weiter. Ja, im Endeffekt schadet ihr dem Partner damit.

Denn das Gesetz der Anziehung besagt: worauf ihr ständig euren Fokus richtet, das zieht ihr früher oder später in euer Leben.

Eure Sorgen sind wie ein Sessel, der euch im Wege steht. Er steht da und bewegt sich nicht. Ein Schaukelstuhl ist auch nicht viel anders. Er bewegt sich zwar, aber auch er kommt nicht vom Fleck. Genau so steht ihr euch selber im Weg, wenn ihr ständig in Sorge um den anderen seid. Sorgen rauben euch den Schlaf und lassen euch auf der Stelle treten. Schickt eurem Partner, der Partnerin gute Gedanken und wisst, dass sein/ihr Wohlergehen ohnehin in Gottes Hand liegt.

Damit harmonisiert ihr eure Energien und gebt den Ängsten keinen Raum.

Zehnte Empfehlung: Wählt euren Partner, eure Partnerin nicht mit dem Verstand

Lernt zu fühlen, ob der/die Auserwählte zu euch passt. Fragt euer Herz, was fasziniert mich am anderen? Welche Bedürfnisse kann der andere in mir befriedigen? Denkt er nur an sich oder ist er bereit, mich neben sich stehen zu lassen?

Geht keine Beziehung ein, weil ihr vom anderen etwas bekommen wollt. Tut nie etwas aus einer Abhängigkeit heraus. Tut etwas, wenn es für euer Wachstum, für euer höheres Potential Heilung bringt. Baut einen gewissen Egoismus auf, endlich das zu leben, was ihr spürt. Was tut ihr mit einem Gegenstück, das euch am eigenen Wachstum hindert? Das blockiert nur eure Entwicklung. Seid vorsichtig, wenn einer der Partner in steter Harmonie leben will und sich andere ihm oder ihr anpassen sollten.

Harmoniesüchtige Menschen haben meistens Aggressionen in sich versteckt. Auf das eigene Leben zu verzichten bringt gar nichts. Es heißt nur heile Welt zu spielen und die Probleme unter den Teppich zu kehren. Lasst euch nicht mehr Blockaden in den Weg legen, nur damit vom Verstand her alles passt.

Unterordnung ist eine alte Geschichte. Sie bedeutet Verzicht!

Wer sich immer wieder unterordnet, kann sich nicht entwickeln. Ihr braucht keine Partner welche die Ängste, die jeder von euch hat, schüren oder widerspiegeln. Das gehört nicht in die Neue Zeit. Nicht in die Neue Partnerschaft. Respekt und Akzeptanz sind das Neue Thema. Sie sind der rote Faden für eine Partnerschaft, die vom Band des Himmels umschlungen wird.

Schafft einen Weg des völlig Neuen Denkens, einer neuen Einstellung zu euch selbst und zum Leben. Bereitet den Boden für ein befriedigendes Miteinander vor, das auch ein erfülltes Sexualleben beinhaltet, indem ihr grundehrlich zu euch selbst und zu euren Wünschen steht.

Auch wenn dazu ein gewisser Egoismus notwendig ist, steht zum eigenen Empfinden.

Zu einem Empfinden, das euer Herz zum Singen bringt.

Elfte Empfehlung: Was tun, wenn Partner immer dasselbe spiegeln?

Werdet hellhörig, wenn ihr immer wieder Partner in euer Leben zieht, welche dieselben Eigenschaften haben, wie der/die vorige sie hatte. Wenn Beziehungen nach einiger Zeit wieder so ablaufen wie die vorangegangene, bedeutet das, dass es höchste Zeit ist, sich mit den eigenen Barrieren zu beschäftigen. Alles, was euch am Nächsten stört, ist ein noch nicht aufgearbeitetes Muster in euch selbst.

Du musst dies auflösen, nicht der andere!

Wenn euch Partner immer wieder die gleiche Spiegelung geben, zeigt das nichts anderes auf, als dass ihr einen Konflikt mit euch herumtragt, der aufgelöst gehört. Egal ob dieser mit Gewalt, mit Alkohol oder anderen Süchten, mit Fremdgehen, mit Eifersucht oder mit Mangeldenken zu tun hat. Erst wenn diese Blockade in dir selbst aufgelöst ist, wirst du jemanden anziehen, der/die frei von diesen Eigenschaften und Emotionen sind.

Zwölfte Empfehlung: **Hört auf, den anderen verändern zu wollen**

Wenn ihr den Partner zu verändern beginnt, ist das keine Liebe! Es ist Manipulation! Wenn der andere sich darauf einlässt, weil er dem Konflikt aus dem Weg gehen möchte, begibt er sich in die Opferhaltung. Damit blockiert er jedoch sein eigenes Wachstum. Er passt sich den Gegebenheiten an, anstatt sein Leben zu leben.

Aber auch der andere blockiert sich selbst und seine Einstellung zu Partnerschaft und Neuem Denken, wenn er sich in die Energie der Manipulation begibt.

Lasst jedem Menschen den Freiraum, sein Leben nach eigenem Gutdünken zu leben. Nur dadurch kann jeder wachsen, kann jeder sich entfalten, wie es seiner Blaupause entspricht.

Dreizehnte Empfehlung: **Erlaubt euch, egal wohin ihr sexuell tendiert, eure Partnerschaft zu leben**

Wenn Männer und Frauen eine andere Einstellung zur Sexualität haben, als dies dem allgemeinen Denken entspricht, so ist das zu respektieren. Sie haben sich diese Erfahrung ausgesucht.

Die Menschen werden zu stark von außen manipuliert und lassen es oftmals zu, dass sie dadurch am Leben und an ihrer gewählten Bestimmung „vorbeileben". Sie getrauen sich nicht ihre Bedürfnisse zu leben, sie anzusprechen. Sie befürchten verurteilt und beurteilt zu werden, nur weil sie nicht dem allgemeinen Weltbild eurer Gesellschaft und vor allem eurer Glaubensgemeinschaften entsprechen.

Gott urteilt und bewertet nie!

Für ihn sind alle Menschen gleich.

Eure Seelen sind wundervoll im Ausdruck und unvergleichlich schön. Könntet ihr dies sehen, ihr würdet niemals mehr auf einen anderen Menschen herab- oder zu ihm aufschauen. Ihr würdet wissen, dass eure Herkunft dem gleichen Göttlichen Licht entspringt. Ihr alle seid auf dem Weg ins Neue Zeitalter. Mit ganz anderen Energien, Ansichten und Gefühlen als noch im letzten Jahrhundert.

Jeder von euch ist etwas Besonderes, egal wie er sich ausdrückt, welchen Beruf oder welcher Berufung er auch folgt.

Wenn sein Ausdruck in Übereinstimmung mit seinem Seelenplan ist, wird jeder sein volles Potential ausschöpfen und seine eigene Heilung vorantreiben können.

Wenn euer Leben auf Liebe ausgerichtet ist, egal wie sie ausgedrückt wird, dann seid ihr auf dem richtigen Weg.

Vierzehnte Empfehlung: **Lebt eure Gefühle und Emotionen!**

Gestattet uns zum Thema Gefühle und weibliche Energie Stellung zu nehmen, da es nicht so aussieht, dass dessen Wahrheit und Wichtigkeit euch wirklich bewusst sind. Ihr sprecht von Sexualität und Partnerschaft und erkennt nicht, dass ihr euch bei diesen Themen selbst belügt, so lange ihr nicht wirklich bereit seid, die Tiefe eurer Gefühle anzunehmen und sie zu leben. Fühlen ist in dieser Zeit des Wandels jene Energie, die euch den Aufstieg erst ermöglicht. (Siehe: „Die Allmächtigkeit in ihrem Ursprung", Smaragdverlag 2014)

Fühlen ist die Grundlage, auf der wir auch mit euch kommunizieren. Es ist diese Schwingung, die eurer Welt in so großem Maße fehlt. Die Waage des Gleichgewichts zwischen männlicher und weiblicher Energie neigt sich zu sehr nach einer Seite hin – auf die der männlichen. Das bedeutet, dass so kein dauerhafter Frieden auf eurem Planeten einziehen kann. Denn in einem harmonischen Miteinander, ob in Partnerschaft, im Alltäglichen oder im globalen Weltgefüge, müssen beide Energien in Balance sein.

Die Menschheit hat sich in das Neue Zeitalter eingeschwungen. Vieles hat sich dadurch bereits verändert.

Vieles bisher Verborgene kommt an die Oberfläche. Doch ihr habt immer noch nicht erkannt, wie wichtig es für die Menschheit als Ganzes ist, dass die weibliche Energie im selben Ausmaß wie die männliche Energie innerhalb des Universums des Schöpfers zum Ausdruck gebracht wird.

Ihr seid an einem Punkt angelangt, an dem ihr erkennen solltet, dass Frauen die Verantwortung für ihre eigene Macht übernehmen müssen. Denn die Qualität der weiblichen Schwingung ist das, was dem Planeten fehlt: Harmonie, Anmut, Liebe, Sanftmut, Mitgefühl und ein Erkennen der Göttlichen Einheit.

In dieser Zeit leben Männer und Frauen nicht ihre wahren Gefühle. Das Männliche drückt sich viel zu oft in Arbeitswut, gesteigerter Sexualität oder zum Beispiel in sportlicher Überanstrengung aus, weil es da nicht mit den wahren Gefühlen konfrontiert werden muss. Doch das bedeutet, nicht das Leben zu spüren mit seinen Gefühlen.

Es ist ein Verdrängen.

Noch viel gravierender ist es, dass Frauen immer noch nicht bereit sind, das wunderbare Geschöpf, das sie sind, in seiner Gesamtheit zu würdigen. Immer noch orientieren sich Frauen zu sehr am Äußeren. Dabei haben sie allen in sich, was dieses wunderbare Wesen namens Frau, ausmacht.

Wir sagen: Gleicht euch nicht anderen an, entdeckt die eigene Schönheit, Wertigkeit, Macht und Schöpferkraft. Ihr habt keine Vorstellung davon, welche Größe in euch innewohnt. Wenn ihr beginnt diese zum Wohle des Ganzen einzusetzen, wird das etwas in Bewegung setzen, was es zuvor so noch niemals gegeben hat.

Nur das Erkennen und Leben eurer Macht wird dazu führen, dass sich das Pendel der Waage wieder hin zur Mitte bewegen kann – zum Ausgleich, zur Balance von männlicher und weiblicher Energie.

Frauen, seid ehrlich zu euch selber, werdet authentisch und tut euch Gutes! Beginnt endlich eure Gefühle auszudrücken, sie zu leben und zu spüren!

Schließt die Augen und spürt euch! Freut euch!

Vergleicht euer Aussehen nicht mit den manipulativen Wunschvorstellungen anderer. Wenn euch nicht gefällt, wie ihr ausseht und wie ihr euch ausdrückt, so bedenkt, dass euer eigenes Denken zu diesem Bild beigetragen hat. Wenn euch das stört – dann ändert euer Denken! Denn es ist von entscheidender Wichtigkeit, dass die weibliche Energie nun an Ausdrucksstärke zunimmt.

Ihr Frauen seid dafür verantwortlich, dass die Veränderung hin zu Frieden und Gleichstellung stattfinden kann. Ihr müsst aus der Opferrolle aussteigen, aus der Unterdrückung, aus dem mangelnden Selbstwert, dem Dienen und aus der Erniedrigung. Jahrhundertelang hat die männliche Energie auf eurem Planeten dafür gesorgt, dass Frauen die Sexualität oftmals als schmutzig und den Akt der Vereinigung nach gewisser Zeit als lästige Pflichterfüllung empfinden. Getraut euch den eigenen Gefühlen von Freude und Lust Ausdruck zu verleihen.

Wir sagen: Steht zu eurem Körper, der so wunderbar ist, so weich. Gesegnet für Empfängnis und dazu, Freude zu schenken und selbst zu empfinden. Dieses hat im großen Ausmaß mit eurer Wertigkeit, mit Selbstliebe und mit eurem Selbstbewusstsein zu tun.

Werdet euch bewusst, wie großartig jede von euch Frauen ist. Wie viel Macht eure Weiblichkeit bewirken kann, wenn ihr bereit seid, diese auch auszudrücken. Damit meinen wir nicht die Macht der Kontrolle, der Manipulation oder der Durchsetzung gegenüber euren Partnern und anderen Menschen in eurem Umfeld. Es geht hier um eure authentische Macht, die vom Kern eures Wesens hochsteigen will - die der Göttinnen-Energie.

Wenn ihr beginnt eure Gefühle wahrzunehmen, sie konsequent zu stärken, dann setzt dies eine Schwingung in Gang, die um sich greifen wird. Das beginnt bei euch selbst in der Partnerschaft und danach im Kleinen und Großen. Dadurch kann eine Wellenbewegung entstehen, wie in einem Teich, in den ein Stein geworfen wird. Schließt euch dieser Wellenbewegung an!

Lasst eure Opferhaltung hinter euch, genießt euer Frausein und drückt eure Stärke unbeirrbar mit der Energie aus, die Welten zu retten vermag.

Es ist höchste Zeit, dass das Gleichgewicht zwischen den beiden Energien wiederhergestellt wird, wir können euch das gar nicht intensiv genug ans Herz legen. Denn der Friede der Welt liegt in den Händen der Frauen!

Ihr seid es, die das Weltgeschehen mit eurer Energie hin zu mehr Liebe, zu mehr Selbstwert für jeden, zu viel mehr Mitgefühl, Verständnis und Respekt beeinflussen könnt. Auch und vor allem innerhalb der Partnerschaft, die dadurch zu viel mehr Tiefe und Liebe gelangen kann als je zuvor.

Es sind die Gefühle, die im Neuen Zeitalter euer Leben und Sein auf eine Weise beeinflussen werden, die euch vor die Wahl von „Entweder- oder" stellen. Entweder ein Leben im Gleichgewicht, in dem männliche und weibliche Energien ausgeglichen sind, was automatisch zu einem besseren Miteinander führt oder im alten, erdrückenden Frauenmuster zu verbleiben, was Auswirkungen auch auf globaler Ebene mit sich bringen kann. Solange euch nicht bewusst wird, welche Macht ihr mit euren Gefühlen ausdrücken könnt, werdet ihr weiterhin in Einschränkung, in Schuld- und Schamgefühlen leben.

Lebt das Gesetz der Frau! Grabt eure Macht aus!

Ihr könnt so vieles damit bewegen. Traut euch loszugehen, holt die weibliche Kraft zurück und verankert sie. Damit werdet ihr nicht nur euren Partner auf eurer Reise zu den Gefühlen mitnehmen, sondern seid in der Lage das Gleichgewicht wiederherzustellen. Es ist schon lange aus dem Ruder! Die Waage, die die beiden Energien hält, ist am Kippen. Die männliche Energie ist immer noch zu dominant. Ihr seht es am Geschehen, das sich global in Katastrophen, in Gewalt und kriegerischen Auseinandersetzungen ausdrückt.

Die weibliche Energie muss explodieren, damit das Gleichgewicht wiederhergestellt werden kann. Solange Frauen in der Unterwerfung bleiben, wird es kein Gleichgewicht geben können. Das hat Auswirkungen auch auf die Balance von Sonne, Mond und der Natur in ihrem Neuen Ausdruck.

Geliebte Frauen, ihr könnt dies beeinflussen! Ihr müsst wieder eure Macht leben – traut euch Frau zu sein. Euch zu spüren. Nichts ist schmutzig oder schlecht. Hört auf nach dem Klischee zu leben, zu glauben euch der Gesellschaft oder den überholten, erdrückenden Glaubensmustern anpassen zu müssen. Wenn ihr das weiterhin tut, lebt ihr nicht wirklich.

Frauen, ihr müsst weg von den schlechten Gefühlen. Weg von dem, was andere von euch erwarten. Schaut euch die Welt um euch herum an: Wo darf die Frau wirklich Frau sein? Wir sagen euch: „Ihr müsst es jetzt schaffen. Im Jetzt der Neuen Zeit. Ihr müsst die weibliche Energie deshalb so stark zum Ausdruck bringen, damit das Weltgefüge in Harmonie kommen kann.

Das ist eine Aufforderung! Ein Apell, den wir an die Frauen richten!

Wenn ihr eure weibliche Energie voll auslebt, setzt ihr damit etwas Gewaltiges in Bewegung. ***Da passiert etwas!*** *Frauen sind mitverantwortlich, dass die Veränderung so stattfinden kann, wie dies der Göttliche Plan vorsieht. Wir sagen euch, bei eurem Umdenken geht es um so viel mehr als nur um Partnerschaft. Es geht um das Gleichgewicht der Energien auf dem Planeten. Um das System der Neuen Zeit.*

Denn es ist eine Neue Zeitqualität – ein Neubeginn – Neue Energien greifen um sich. Doch solange Frauen noch immer in den alten Begrenzungen und Mustern feststecken und sich nicht getrauen sich dagegen aufzulehnen, wird sich für sie nichts ändern.

Wenn ihr alles über euch ergehen lasst, blockiert das euer Seelenwachstum, das zu steigern ihr auf diese Welt gekommen seid. Ihr gebt ständig nach, um in Harmonie zu leben und ihr lasst Dinge zu, nur weil sie immer schon so in eurem Leben passierten. Doch das hat mit Gefühlen nichts zu tun!

Das ist Dienen!

Das hat mit Manipulation, mit Gewohnheit und Bequemlichkeit zu tun, aber niemals etwas damit, wie ihr euch spüren solltet. Ihr müsst euch spüren! Fragt euch: „Was empfinde ich selbst. Wann genieße ich?“ Ihr solltet den Mut aufbringen, dass ihr selber euch das aussucht, was ihr möchtet.

Das solltet ihr lernen.

Steigt aus der Unterdrückung aus. Aus der Erniedrigung, aus dem Schein und den Lügen. Lebt euer Frausein! Die Balance muss erreicht werden. Ihr seid auf dieser Welt, um euch zu spüren und wahrzunehmen. Die Wahrheit ist, wenn ihr euch der weiblichen Energie entzieht, öffnet ihr Blockaden und seelisch bedingten Krankheiten Tür und Tor. Das aber hat mit Liebe und Gefühlen nichts zu tun.

Ihr müsst euch in euren Gefühlen finden. Ihr müsst zulassen – ehrlich zu euch selber sein und die Gefühle in ihrer ganzen Bandbreite annehmen. Das ist die große Herausforderung dieser Neuen Zeit. Das ist auch der wichtigste Teil in der Partnerschaft, weil ihr sonst immer nur ein Spiel spielt. Weil sonst nie eine ehrliche Partnerschaft stattfinden kann. Nur ein gewohntes „das lasse ich über mich ergehen…“!

Setzt euer Sinne ein, um die Gefühle aufleben zu lassen. Fühlt euch. Berührt euch. Riecht euch. Nehmt euch an. Findet euch!

Übt eure Macht nicht aus, indem ihr euch von eurem persönlichen Ich führen lässt und im Außen die Starke spielt, damit würdet ihr gleich weitermachen wie bisher. Eure weibliche Schwingung muss deshalb gesteigert werden, weil ihr dann in den Partnerschaften nicht weiterhin die Dienende seid. Ihr müsst euch an die Seite eurer Partner stellen, das ist, wozu ihr ermächtigt seid. Ihr könnt nur dann eine ausgewogene Partnerschaft leben, wenn ihr bei euch selber und bei euren Gefühlen angekommen seid. Das heißt, ihr müsst wieder lernen zu fühlen!

Euch zu fragen: „Welche Bedürfnisse stecken in mir?"

Erst wenn ihr ehrlich zu euch selber seid und euren Gefühlen freien Lauf lässt, könnt ihr das Frausein genießen. Nur wenn ihr aus geprägten Mustern aussteigt, könnt ihr das Frausein leben. Das ist es, was wir euch mit diesen eindringlichen Worten klarmachen möchten. Denn die weibliche Schwingung ist extrem mächtig! Sie stellt sicher, dass Verschiebungen des Aufstiegs mit Liebe, Mitgefühl und Frieden getragen werden.

Seid euch immer bewusst, dass eure Gefühle das sind, was euch so einzigartig und wertvoll macht!

Nun zu einem versteckten Thema: Wut, Zorn, Aggression. Wie weit seid ihr bereit diese Emotionen zu zeigen?

Wie habt ihr gelernt sie auszudrücken?

Diese Themen sind ein großer Bestandteil eures Seins und haben einen großen Einfluss auf euer Leben. Durch Unterdrücken dieser Emotionen könnt ihr Organe schädigen und damit den ganzen Körper belasten. Durch eure gespielte Harmoniesucht baut ihr einen Panzer um euch herum auf, der, wenn dies lang genug andauert, wie ein unter Druck stehender Kessel explodieren möchte.

Lernt euch mitzuteilen!

Erkennt den Wahrheitsgehalt im Sprichwort: „Wenn in einer Partnerschaft ständig beide der gleichen Meinung sind, ist einer überflüssig!"

Damit meinen wir Stillstand in der Partnerschaft. Es finden dort keine Lernprozesse mehr statt. Es ist ein „Nebenher-Leben!" Seid ehrlich zu euch, zu euren Gefühlen und Emotionen. Auch wenn ihr meint, nichts von Aggression und Wut in euch zu spüren, so wisst, sie sind da. Tief in euch sind sie versteckt, weil sie lange und erfolgreich genug unterdrückt wurden.

Ihr müsst wieder lernen diese Emotionen auszudrücken, um körperlich und seelisch frei zu werden.

Ihr seid sonst gefangen in euch selbst!

Deutlich veranschaulicht wird dies dadurch, dass der eine es zwar spürt, wenn er zornig und wütend wird, den Ärger jedoch wegen der angesprochenen Harmonie oder um des lieben Friedens willen hinunterschluckt. Der an-

dere wiederum die Wut, den Zorn, die Aggressionen oftmals gar nicht mehr spürt, weil er im Laufe des Lebens gelernt hat, diese Gefühle zu unterdrücken. Das ist schlimm.

Dieses selbst auferlegte Verbot, nichts mehr zu spüren, ist deshalb so schlimm, weil es zu Traurigkeit und Depression führen kann. Warum könnt bzw. wollt ihr eure Wut, euren Zorn nicht ausdrücken? Könnt ihr diese Emotionen in eurem Körper überhaupt noch spüren? Wenn nicht, ist es höchste Zeit diese emotionalen Blockaden aufzulösen. Meist kann dies nur mehr im energetischen Bereich aufgelöst werden. Bittet eure geistige Führung um Hilfe bei der Aufarbeitung. Denn: Es muss heraus! Es will heraus! Wie könnt ihr das bewerkstelligen?

Eine Selbsthilfe wäre, euren Frust laut herauszuschreien. Geht dazu an einen Ort, wo ihr dies ungehindert tun könnt. Zum Beispiel in der freien Natur. Schlagt auf einen Polster ein oder geht auf die eine oder andere Art an eure körperlichen Grenzen, wie das Extremsportler machen. Unter diesen gibt es einige, die ihre Aggressionen auf diese Art ausleben.

Wir legen euch eindringlich nahe, befreit euch von den unterdrückten Emotionen. Lasst sie heraus! Dadurch könnt ihr gesunden an Körper und Seele! Unterdrückte Gefühle und Emotionen wie Wut, Zorn, Aggression legen sich wie ein Schleier über euren wundervollen Göttlichen

Ausdruck. Sie belasten euer Wachstum, eure Persönlichkeit und auch die Partnerschaft. Denn dadurch gleitet ihr ab in die Energie des Duldens und des Dienens. Und das hat im Goldenen Zeitalter keine Berechtigung mehr.

In eurem Leben kommt es einzig und allein darauf an, dass ihr euch zu spüren beginnt. Dass ihr das Leben in all seiner Fülle und Schönheit wahrzunehmen bereit seid, denn dadurch werdet ihr in die Lage versetzt, eure Göttlichkeit zu erkennen. Dadurch werdet ihr hören, was eure Seele euch schon die längste Zeit mitzuteilen versucht. Wenn ihr bereit seid, Seelenheilung geschehen zu lassen, können sich eure Talente und Begabungen einen Weg bahnen, der euch zu neuen Sichtweisen und zu einem neuen Ausdruck führt.

Einem Ausdruck, der anderen zeigt, wie gut ihr euch nun fühlt, wie befreit ihr den Widrigkeiten des Lebens euch entgegenzustellen bereit seid.

Öffnet euch für das Entgegennehmen und für das Weitergeben. Nichts mehr festzuhalten! Schon gar nicht unterdrückte Emotionen und Gefühle.

Festhalten bedeutet Anspannung und Kampf. Lasst davon los und öffnet euch stattdessen für Lockerheit, für Liebe und Freude für euch selbst.

Fünfzehnte Empfehlung: Die Liebe zweier Menschen ist bedingungslos.

Geliebte Seelen, ihr seid angekommen, wenn ihr euren Partner, eure Partnerin so nehmt, wie er/sie ist. Ohne ihn oder sie verändern zu wollen.

In der Beziehung Gebender und Dienender zu sein, in einem für beide passenden Maß.

Wenn ihr eurem Partner, eurer Partnerin das Gefühl vermittelt, dass durch seine/ihre Anwesenheit euer Herz sich vor Freude weitet – dann, geliebte Seelen, habt ihr euer Gegenstück gefunden!

Der Segen und die Liebe des All-Einen sei mit euch!

Geliebte Engel,

ich danke Euch von Herzen für Eure Empfehlungen. Ich weiß, dass Ihr sie mir mit all Eurer Liebe übermittelt habt. Sie haben mich, nachdem das Manuskript meiner Partnerschafts-Erfahrung bereits fertiggestellt war, aufgerüttelt und zu neuerlichem Umdenken bewogen. Ich habe dadurch erkannt, dass ich harmoniesüchtig bin. Dass ich bei der Frage: „Was will ich? Was spüre ich?“ lange, viel zu lange überlegen musste. Das zeigte mir auf, dass auch ich zu denen zähle, die ihre Gefühle nicht so ausdrücken wie es notwendig wäre, um keinen Aggressionsstau in sich zu erzeugen.

Oh, ich habe sehr viel durch die Weisheit eurer Empfehlungen erkannt und mir hat nicht immer gefallen, was ich dadurch an neuen Erkenntnissen dazugewonnen habe. Doch ich weiß, dass Ihr immer nur das Beste wollt. Deshalb stelle ich mein Ego beiseite und beginne mein Leben „wieder einmal“ zu überdenken. Ja, das ist auch in meinem Alter möglich und empfehlenswert. Ich weiß inzwischen was mir Freude macht und ich bin bereit, es umzusetzen. Egal, wie lange ich dazu an Zeit benötige und welche Konfliktsituationen ich damit heraufbeschwöre.

Ich bin bereit meine Finger von der Kante zu lösen und mich fallenzulassen, denn ich weiß, ich kann nicht tiefer stürzen, als in Gottes weit ausgebreitete Hände.

ICH DANKE EUCH! *Heidrun*

ISBN 3-9502080-0-3
127 Seiten € 9,90

ISBN 3-950208 3-8
260 Seiten € 18,90

ISBN 3-9502080-2-X
Seiten 204 € 16,90

ISBN 3-9502060-1-1
Seiten 100 € 14,90

ISBN 978-3-941363-21-2
152 Seiten € 15,50

ISBN: 978-3-9502080-5-4
179 Seiten € 15,-

ISBN 978-3-941363-80-9
144 Seiten € 15,50

Engel-Kartenset
mit Handbuch € 19.90

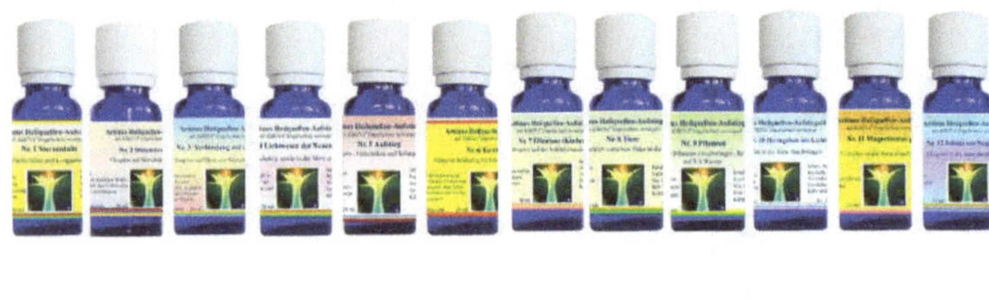

Zeitfracht Medien GmbH
Ferdinand-Jühlke-Straße 7
99095 Erfurt, Deutschland
produktsicherheit@kolibri360.de